हठयोगश्च राजयोगः

ハタヨーガから
ラージャヨーガへ
Haṭhayoga and Rājayoga

真下尊吉
Mashimo Takayoshi

東方出版

シュリー・スヴァートマーラーマ
シュリー・パタンジャリ
故 佐保田 鶴治 博士
故 熊谷 直一 先生
故 番場 一雄 先生

に捧ぐ

まえがき

　ヨーガという言葉は、日本では佐保田鶴治先生によって最初、健康法として紹介されたので、いわゆるアーサナ（ポスチュア）が中心となり、それが現在でも、そのように理解されて使われている。しかし、先生自身は、アーサナには、**ヨーガの体操**という言葉を使われ**ヨーガ**という言葉とは、はっきりと区別されていた。また、先生の著『ヨーガ根本教典』の「はしがき」で「体操や呼吸法はヨーガの最高目的に向かって旅立つものにとっては、最初の足ならしの段階でしかありません」と書いておられ、最初にサンスクリット語の習得（註）をされ、私たちがヨーガという言葉を聞いた時には、すでに『ヨーガ根本経典』（ヨーガスートラ、ハタヨーガプラディーピカーを含む）をはじめとして、『ウパニシャッドからヨーガへ』など多くのサンスクリット文献からの翻訳＆解説書があり、それらを読めば、ヨーガとは何か、ということが理解出来る環境がそこにあった。しかし、先生の没後、次の世代の人たちによって、ヨーガという言葉をはじめとして、インドから伝わった真理が、そのまま間違いなく伝承されているのだろうか。

（註）「印度研究に於いても単なる素人芸に甘んずることはできなかった。それで、研究の基礎的準備として印度古典語たるサンスクリットに専念すること十年、漸く印度古典に直参し得るの自身を得た。」

「上下五千年を貫く印度の精神を捉へんとするには、先ず印度思想の正統派たる婆羅門（バラモン）思想の本質を把握せねばならないが、それには先ず如何なる文献より着手すべきであるか？　著者は、古ウパニシャッドより出発するのが妥当であると考へた。」（古代印度の研究〈昭和23年発行〉の序）

　先生は、いつも非常に分かりやすい、平易な言葉で語りかけられ、

だだ、お姿を拝見しているだけで、これがヨーガだ、ということは分かった。また、その後に、お会いしたシヴァナンダ・アーシュラムのヨーガ・スワルーパナンダ・ジーの場合も同じであったから、言葉は必ずしも必要ではない。ということは、ヨーガを達成された人物に直接出会うチャンスがあるかないかは大きな要因になる。もう一つは、佐保田鶴治先生によって翻訳されたこれらの書は、文体や用語が現代の若い人たちにとって難解であるのと、訳語にサンスクリット語の漢訳（中国語訳）や音写が多い仏教の専門用語が多く使われていて、例えば、A Dictionary of Chinese Buddhist Termや仏教用語辞典などで調べると、再び原語のサンスクリットに戻って堂々巡りになってしまうということがある。つまり、サンスクリット語で書かれた原書を直接読んだり、確かめた方が分かりやすいのである。しかも、一番困るのは、音写の問題で、ちょうど、われわれはカタカナなどで読み仮名をふるが、適当な訳語がない場合、原語の読みがそのまま漢字でふられると、その漢字から受けるイメージによって全く異なったものになってしまう。例えば、般若心経のガテーガテー（गते गते）は、掲諦掲諦（ギャーテーギャーテー）と音写されているので、この漢字に意味を持たせてしまい「諦めろ」などと訳してしまうととんでもないことになってしまう。サンスクリット語の動詞語根の√गम्（ガム　行く）が過去受動分詞गत（ガタ）になり、この第7格（依格・位格）が गते（ガテー）である。しかも、この場合、सति सप्तमी という英語の分詞構文に似た形で書かれていて、少しサンスクリット語を学べば解決できる。ちなみに、このガテー（गते）は、「（サーダナを実践し）ある段階にまで行った、到達した時」の意味となる。

　ある時、サンスクリット語の生徒さんとの会話で、この悩みを相談され、どうすれば「ヨーガとは何か」を伝承できるかをこの機会に試してみようという気になったのである。その試みは、健康法として紹介された**ヨーガの体操**と本来の**ヨーガ**という意味を、まず、

まえがき

『ハタヨーガプラディーピカー』と『ヨーガスートラ』の両経典を、インドで提示されている形（註1）で紹介すること、この両経典は、それぞれ３８９、１９６（註2）ものスートラで書かれているので、ある程度ヨーガに関わりのある人が、どのように両書を読めばいいのか、つまり、章ごとに順に読んでいっても、なかなか全体像はつかみにくいので、『ハタヨーガプラディーピカー』と『ヨーガスートラ』からそれぞれいくつかのスートラを選んで、その密接な関連性なども考慮しながら示していくことが本書の目的である。そのため、第1部を「ハタヨーガプラディーピカー入門」、第2部を「ヨーガスートラ入門」とした。

（註1）「文学的あるいは哲学的なサンスクリット文献の最も顕著な特徴は、みずからを独自な作品として提示することはなく、伝承されたテクストの注釈であるという形で提示されている。」

（竹内信夫訳「サンスクリット」）

C'est un trait majeur de la production littéraite et philosophique sanskrite qu'elle se présente plus sour la forme de commentaires de textes que sour celle d'oeuvre originales.

(Pierre - Sylvain Fiolliozat ; LE SANSKRIT p.91)

（註2）スートラは、１つの詩句が分けられたり、あるいは、省略されたりしている場合があるので、この数は変わる場合がある。

このインドで提示されている形とは、各スートラ原文、読み、訳文、各語の注釈、コメンタリーで示される。何百年、何千年と伝承されてきたものの中には、詩句の中で具体的に説明されていない場合があり、その場合、コメンタリーは必須なのである。よく知られているように『ヨーガスートラ』の場合も、ヴィヤーサのコメンタ

まえがき

リーが記載されている。また、この形での提示は、どの語がどのように訳されたかが分かり、また、もし誤訳などがあれば読者から指摘してもらうことが出来る。ヴェーダやウパニシャッドなどを読んでいても、私たちを悩ませるのは、日本語の訳文が難解であったり、どうしてこのような訳文になるのか理解出来ない場面に出会うことである。この時、このような形で示されていれば読者にはフレンドリーなものとなる。

スートラは、簡潔に要点だけが書かれていて、新聞の見出しによく似ている。この屈折語であるサンスクリット語は、動詞起源の名詞、つまり、動詞語根から分詞（形容詞）、さらには名詞に変化したものが並んでいることが多い。例えば、**長崎豪雨**という新聞見出しは、複合語であるが、われわれは、**長崎に大雨が降った**、などと理解することができる。**豪雨**という名詞には**（激しい雨が）降る**という動詞は内包されている。高野豆腐は、そのままでは食べられないので、水に戻して調理しなければならない。スートラの理解も、丁度このようなものだ。

そこで、『ハタヨーガプラディーピカー』は、4つの章、全詩句389から構成されているが、その中から60の詩句を選び、全体を貫くエッセンスを理解しやすいように各章のスートラは順不同に配列して説明し、続いて、『ヨーガスートラ』も4つの章、全詩句195から、50の詩句を選び同じように説明するが、両者は互いに関連し合っているので、どの詩句がどこに繋がっているか理解しやすいようにした。表題を『ハタヨーガからラージャヨーガへ』としたのは、そのためである。

まず、『ハタヨーガプラディーピカー』は、ラージャヨーガへの橋渡しとなる深い意味には気づかず、一見したところ、アーサナやプラーナーヤーマについて、『ゲーランダサンヒター』ほど多くは取り上げられていないのと、また、具体的な実践方法がほとんど書かれていないため、ハタヨーガの実践者にあまり読まれていないように

思われる。しかし、この書は『ヨーガスートラ』を読む前に必ず読まなければならない。何故なら、『ヨーガスートラ』第3章のビブーティパーダ（विभूतिपादः）は、第2章のサーダナパーダ（साधनपादः）に書かれているサーダナ実践後、一切の努力を伴わずに起こるサンヤマの状態と、そこで現れてくる力（パワー）について書かれているが、スシュムナーやナーディ、チャクラ、ヴァーユ（5気）などの理解がないとよく分からない。また、『ヨーガスートラ』では、アーサナ、プラーナーヤーマに関する詩句は少なく簡潔であるが、八肢ヨーガのことが出てくるので、あらかじめ読んでおかなければならない。

　もう、ずっと以前のことになるが、恩師の故熊谷直一先生宅をお訪ねした折に、私はサンスクリット語が読めないからとおっしゃって、インド人から手渡されたサンスクリット・ヒンディー語版のハタヨーガプラディーピカーを私に下さった。今にして思えば、託して下さったのではないかと、その責任の重さと限りない恩恵を感じている。先生は、その外見からはほとんど分からないが、多分、ラーマクリシュナのような人ではなかったかと思われ、教えることはされず、ただ指し示されるだけであった。

　真理の伝承は、きわめてむずかしい。何故なら、芸の伝承は、例えば、歌舞伎や能の家柄に生まれれば、それは何百年と脈々と伝わるが、バラモンの家系に生まれ、グルからグルへという伝統は日本にはない。しかし、真理の伝承は、誰かがやらなければならない。

　繰り返すが、佐保田鶴治先生が最初にされたことはサンスクリット語の習得であった。これは、ヨーガに関する文献がすべてサンスクリット語で書かれているため、きわめて自然なことで、ピアノが弾けずスコアの読めない指揮者がいないのと同じである。サンスクリット語の習得には、指揮者と同じように長い年月がかかり、スコアを読むには、それだけの覚悟が要る。しかし、それは、何百年、何千年もの間、真理をなるだけ誤りなく正確に後世に伝えるための

まえがき

言語なのである。従って、もし、そのような人が一人でも二人でも若い人の中から出ればと思い、「サンスクリット語の学習について」という章を巻末に設けた。そこでは、教科書や辞書、参考書などについて記しているので参考にしてほしい。

なお、参照した『ハタヨーガプラディーピカー』（以下、HP と略記）の原典には、1つの詩句が2つに分けられているものもあり、その場合は全体の詩句の数がその分だけ増える。また、『ヨーガスートラ』（以下、YS と略記）の原典には、通常省かれる詩句も見受けられる。従って、詩句の数が HP では385になったり、YS では201になったりする。これら参照した参考文献については、それぞれ巻末に掲げたが、あくまで、読者が理解しやすいように詩句を選択した。

ところで、2011年ドイツで制作された映画 Breath of the Gods, 邦題:「聖なる呼吸」も、今年2016年に日本で公開され、また、インターネットの時代になって動画が公開されるようになると、この映画でも登場するクリシュナマチャルヤやアイエンガーは、フランスで制作された Cent ans de beatitude（至福の100年）などでも見ることが可能で、従来、書物では写真（静止画）でしか知ることの出来なかった動きを伴ったハタヨーガのアーサナやプラーナーヤーマが一体どのようなものであったのかを知ることが出来るようになった。

上記の映画に出てくるクリシュナマチャルヤのアーシュラムは、チェンナイにあり1999年7月に訪れたことがある。庭にはパタンジャリの像があり、インドの他のアーシュラムでは見かけることがなかったので、非常に印象が強く残っている。クリシュナマチャルヤは、サンスクリット大学の教授でもあり、32の詩句からなるシュローカ集や唱えるためのパタンジャリ「ヨーガスートラ」（一種の音程を記したもの）がある。

目　次

まえがき　　　　　　　　　　　　　　　　　　　　　1

序　説　　　　　　　　　　　　　　　　　　　　　　9

　　ハタヨーガとラージャヨーガ／師とその弟子／サーンキャカーリカー／イーシュワラ／この世界（イハ・ジャガット）／ハタヨーガのデモンストレーションとヨーガ

第1部　ハタヨーガプラディーピカー入門　　　　　　23

　　ハタヨーガの目的／ハタヨーガと呼吸／ナーディ・スシュムナー・チャクラ／心と呼吸（プラーナ）の関係／サマーディすなわちヨーガ／ハタヨーガからラージャヨーガへ／グルへの崇敬／教えの保持と伝承／ハタヨーガの心構え／アーサナ／ハタヨーガは呼吸次第／プラーナーヤーマ／浄化法／ナウリ／カパーラバーティ／背骨とバンダトラヤ／アパーナとプラーナ／ラヤ状態とラージャヨーガ／ケーヴァラクムバカ／ケーチャリームドラー／ヴィパリータカラニー／ラージャヨーガの達成

参考文献　　　　　　　　　　　　　　　　　　　　　79

あとがき　　　　　　　　　　　　　　　　　　　　　80

第2部　ヨーガスートラ入門　　　　　　　　　　　81

何故ヨーガの学習を始めるのか／ハタヨーガのアーサナ／プラーナーヤーマ／心と呼吸の関係／ヨーガとは何か／私（1人称）はどのようにして現れるのか／ヨーガの8部門／イーシュワラとは／クリヤヨーガ／神への献身／プルシャ／時間／グナ／心／サンヤマ（1）／サムプラギャータ・サマーディー／サビージャ・サマーディー／ニルビージャ・サマーディー／サンヤマ（2）／顕れてくる力〜その1　スポータ／顕われてくる力〜その2　宇宙／顕れてくる力〜その3　身体（小宇宙）／顕われてくる力〜その4　ハート／カイヴァルヤ／ダルマメーガ・サマーディ

おわりに　　　　　　　　　　　　　　　　　　127

参考文献　　　　　　　　　　　　　　　　　　130

サンスクリット語の学習について　　　　　　　131

重要注意事項

両経典に書かれている、アーサナ、プラーナーヤーマ、バンダ、ムドラーなどの行法は、実践を伴うので、必ず、これらに熟達した指導者の指導のもとに、十分、時間と年月をかけて行わなければならない。独習は、危険を伴うので行ってはならない。

序　説

ハタヨーガとラージャヨーガ

　ハタヨーガ（हठयोग）のハタ（हठ）とは、一般に、ハ（ह）が太陽（सूर्य）を、タ（ठ）が月（चन्द्र）を、つまり陽と陰を表していると言われるが、この他にも、ハ（ह）は、アートマー（the Self）、プルシャ（पुरुष）を、それに対してタ（ठ）は、チッタ（चित्त）、プラクリティ（प्रकृति）を表しているとされる。そして、いずれにせよ両者の結合、つまり二つが一つになることがハタヨーガの目的とされる。これは、とりもなおさず、ラージャヨーガのことである。

　従って、佐保田先生によって健康法として紹介されたのは、このハタヨーガであって、その中でも、『ハタヨーガプラディーピカー』第１章の詩句１８．（以下、HP1-17のように略記する）に述べられているように、ハタヨーガの第１段階、アーサナ（ポスチュア）を、易しい形の簡易体操、基本体操として推奨された。何故なら、強健で堅固な、病から遠ざかった軽快な身体でないと、ヨーガの状態を体験することは不可能だからである。このヨーガの状態は、毎晩、熟眠できれば万人が体験出来るよう、至高の愛として大きな力、ブラフマ（ब्रह्म）によって与えられている。下図を参照してほしい。

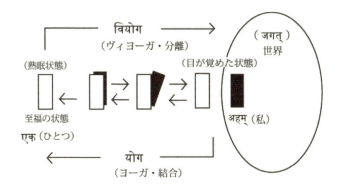

つまり、ヨーガとは、本来、一つの（結合した）状態のことであって、サンスクリット語のユッジュ（युज्）という語源から派生した言葉で、ユクタ（युक्तः）とか、ヨーガ（योगः）と言うのである。この状態は、まさに至福の状態であって、身体が健康であれば、すべての人が、毎晩体験出来る。これは、サマーディと全く同じ意味である。しかし、逆に、夢見の状態や目が覚めると、もはや、このヨーガの状態ではなくなる。このヨーガの状態から離れることを、サンスクリット語では、ヴィヨーガ（वियोगः）と言っている。この接頭辞のヴィとは、「分離する」という意味である。従って、佐保田先生は、まず、身体が健康であることから始めようと提案されたのである。

さて、このハタヨーガは、どのような歴史的背景を持っているのだろうか。ここで、簡単にムクティボーダナンダのスワミジ・オン・ハタヨーガに基づいて、そのことを説明しておこう。

紀元前6世紀に、インドでは、ジャイナ教（जैन）の創始者マハーヴィーラ（महावीर）とブッダという偉大な人物が輩出した。いずれもアヒンサー（非暴力）を誓戒とした。後に、ブッダはその教えを四聖諦、八正道として伝えたことはよく知られ、また、実践方法としては、アーナーパーナサティ（आनापानसति）とヴィパッサナ（विपस्सन）を説いた。その教えは、パタンジャリが『ヨーガスートラ』で示したヤマ、ニヤマに似た精神的な体系であった。また、キリスト生誕前100年に、ナーランダ大学がつくられたが、仏教徒の中には、その伝統的な教えに反対して大乗の伝統を教える別の大学を創った。この大学は、大乗の伝統を教える中心となった。ここは、従来の伝統的な仏教徒ではなく、リベラルな仏教徒で、やがてタントラ（密教）を中に含みはじめた。この中に、男女のセックスを取り込む一派が起こり、タントラ派の実践法は、伝統を重んじる人々から多くの誤解を生んだ。インドでの仏教衰退後に、何人かの偉大なヨーギーが、タントラの体系を整備した。それが、マッチェンド

ラナータやゴーラクナータである。彼らは、タントラの持つ科学的な重要さに気づき、儀式などを省いて、実践を最優先し、有益で、気品の高いヨーガの行法を、タントラのシステムの中から選び出したのである。マッチェンドラナータの設立したナータ派は、瞑想の前に、必ず身体とその器官の浄化を重視した。というよりも、ハタヨーガのテーマは、何よりも身体の浄化なのである。そして、多くのハタヨーガの権威者の中で、傑出した人物が『ハタヨーガプラディーピカー』を編纂した、スバートマーラーマである。彼は、仏教やジャイナ教、パタンジャリのラージャヨーガなどが出発点としたヤマ（社会に対する規律）、ニヤマ（自己自身に対する規律）を、全く排除した。何故なら、身体の準備の整わないまま瞑想によってそれらを実現しようとすると無理が生じると考えたのである。つまり、心で心を自制しようとすると多くの障害を生じてしまうからで、ひどいときには人格を分裂させてしまう。したがって、必ず身体の方から準備しないといけないことを強調した。最初から心で心をコントロールしようと戦ってはいけない、身体からしつけよ、と言ったのである。従って、スバートマーラーマは、6つの浄化法（ネーティ、ドウティー、バスティー、カパーラバーティ、トラータカ、ナウリ）から始めて、アーサナ、プラーナーヤーマを実践する。これらの実践は、後にサンヤマ（プラティヤーハーラ、ダーラナ、ディヤーナ、サマーディー）へと導くものである。また、賢人たちによってハタヨーガが発見された時には、このヨーガは治療法（ヒーリング）とは考えられなかった。多くの不治の病に対して、ハタヨーガは医学的にも素晴らしい効果があることが証明され研究や応用もされているが、それはあくまで副産物であり付随的なこととされている。

　このような経過を持つハタヨーガは、生理学的・医学的に非常によく整えられた科学的なシステムであって、最初にふれたように、ハ（ह）とタ（ठ）は、二つで一つということに大きな意味がある。

序説

つまり、それは心（精神的なエネルギー）と呼吸（プラーナ・生命エネルギー）という互いに連動して働く二つをこの身体で調和させる、つまり結合させることが、ハタヨーガの目的である。この心とプラーナ（呼吸）の関係を、南インドの聖者ラマナ・マハルシは、『ウパデーシャ・サーラ』（US-12）で次のように表現した。

心とプラーナには、それぞれ思考力と活性エネルギーとが付与されている。これらは、1つの樹より分かれた2つの幹である。

चित्तवायवश्चित्क्रियायुताः । チッタヴァーヤヴァシュチツクリヤーユターハ
शाखयोर्द्वयी शक्तिमूलका ॥ १२ ॥ シャーカヨールドゥヴァイー　シャクティムーラカー

この詩句では、呼吸が生命の根源であること、一方、心は想念やイメージ・思考力の根源として驚くべきエネルギーとパワーを持つこと、それだけに、動き回るものであることが表現され、この身体という1本の樹（生命）から分かれた2つの幹と表現されている。しかも、この心と呼吸の出所は同じで、実際の行動（カルマ कर्म）は、身体（手足などの行動器官）が行う。つまり、目が覚めた時、「私」という想念は、この身体、プラーナ（呼吸）、心の3つに基づいていることが分かる。

そこで、私という想念が一番初めに同一化するのは、この身体である。その身体からハタヨーガは始まる。しかし、『ハタヨーガプラディーピカー』（HP 4-79）の次の句に注目してみよう。

ラージャヨーガを知らないで、ただハタヨーガを行ずる人が多い。
彼らは、実りのないことをただ繰り返しているに過ぎない。

ラージャヨーガの経典とされるパタンジャリの『ヨーガスートラ』では、8つの階梯を考えアーサナ、プラーナーヤマ、プラッティ

ヤーハーラ、ダーラナ、ディヤーナ、サマーディとした。この序説の冒頭で、佐保田先生が**ヨーガの体操**という表現を、アーサナやプラーナーヤーマを含むハタヨーガの実践という意味で使われ、一方、**ヨーガ**という言葉は、サマーディと同じ意味で区別して使われたと言ったが、このヨーガの八部門の最終段階は、**サンヤマ**（ダーラナ、ディヤーナ、サマーディをひとまとめにしたもの）つまり、**ヨーガ**と同じ意味である。このHP 4-79の詩句の意味は、サンヤマ＝ヨーガを知らないで、多くのアーサナやプラーナーヤーマに精通しても、それは身体に関する行法（実践）であって、必ずしもサンヤマの状態にはならない。つまり、プラーナ（呼吸）と心の関係に気づかずに、（目が覚めていても）まるで熟睡しているような状態、至福は得られないことを述べている。マハルシが述べたように、呼吸と心の出所は同じであって、互いに連動して動く。ここに気づいて、まるで呼吸が止まったかのようになり（ケーヴァラクムバカ）、起きていながら、まるで熟睡しているような状態にならなければ、ヨーガの状態、つまり、サンヤマの状態にはならない。その時、３つのグナの動きは消滅し本源（真の自己）へと没入する。

　ここが、ハタヨーガからラージャヨーガへの架け橋であり、「ハタヨーガからラージャヨーガへ」の意味である。

　ハタヨーガからラージャヨーガへと橋渡しされ、経典も『ハタヨーガプラディーピカー』から『ヨーガスートラ』へと移る。

『ヨーガスートラ』は、ラージャヨーガの経典で、１９５の詩句（シュローカ श्लोक）から成り、次の４つの章を通して説明される。

　　第１章　サマーディーパーダ（समाधिपादः）
　　第２章　サーダナパーダ（साधनपादः）
　　第３章　ビブーティパーダ（विभूतिपादः）
　　第４章　カイヴァルヤーパーダ（कैवर्यपादः）

序説

　第1章は、タイトル通りサマーディ、つまりヨーガの状態とは何かが説明される。序説の最初に示した図を参照してほしいが、ラマナ・マハルシは、このヨーガの状態を『私とは誰か（コーハム koऽहम्）』の冒頭で次のように表現した。

すべての生きものは、苦しみや不幸がなく、幸福な状態が永遠に続くことを望んでいる。すべての人々の中には、すでに至福の状態を源とする「至高の愛」が存在していて、それを毎晩、熟眠時に体験しているのだから、心がまったく活動していない、その状態が人の本性なのだ、と直接知る必要がある。そのためには「私とは誰か」という探求が最も本質的な方法である。

　ヨーガの説明には、カルマ・ヨーガ、バクティ・ヨーガ、ディヤーナ・ヨーガ、ギャーナ・ヨーガ（註）の4つの途が示されるが、そのうち、一般に、ギャーナ・ヨーガは、難しいものとされている。しかし、マハルシは、ここで尋ねている。あなた方は、毎晩、深い眠りの時に、その至福の状態を体験しているではないか？例えば、２０歳の人なら３６５日×２０＝７，３００日のうちの半分、熟睡したとして、３，６５０回は体験している訳で、その時こそが、あなたの真の自己なのだと、どうして気がつかないのですかと。われわれは、「至高の愛」（パラマプレームナ परमप्रेम्णः、この原文のサンスクリット語は、パラマプレナ परमप्रेम の誤りでは？）と共に生まれ、至福の状態（サット、チット、アーナンダ सचिदानन्द）を毎晩熟眠と共に体験する。それに気がつかないのは不思議で、「直接知る、気づく」ことが大切だとマハルシは述べた。まさに、この状態こそがヨーガ（योगः united, union）であり、ユクタ（युक्तः established）である。したがって、この状態は達成されるべきものではなく、すでにそこに存在している。

　（註）ज्ञान は、ほとんどこのように発音されるが、ニャーナの発音もある。

序説

　昔、われわれがハタヨーガの理論で習ったのは、ヨーガの語源はユッジュ（युज्）で、「(馬車などに) 軛をつけ、制御する」或いは、(何かと) 結びつける」ことであった。しかし、逆の言葉ヴィヨーガ（वियोगः）の接頭辞ヴィ（वि）は「分離する」、つまり、ヨーガの状態から離れることである。この状態は、「私（心、想念）」が出てくるから起こることで、もともと、ヨーガ（योगः）とは、すでに至福の状態と共に、すべての人がそこに「在る」ことなのである。この至福の状態は、サンスクリット語のブー（√भू～の状態である、to be）であって、その状態でそこに在ることなのだ。従って、瞑想は「する」（クリ√～をする to do）ことは出来ない。「座ること」が瞑想ではない。瞑想のために座ることはあっても、瞑想はその状態がやって来ることであって、その状態を「得ようとする」ことではない。何故なら、その状態は既にあなた方がその状態に「在る」のだから。ただ、気づけばいいことなのだ。

　今、私たちは、この４つの途の中のディヤーナヨーガ（ラージャヨーガ）を選んで話している。YS 第１章では、このヨーガの状態（YS 1-2）と共に、ヨーガから離れたヴィヨーガの状態（YS 1-4）について説明し、次いで第２章のサーダナパーダでは、ヨーガに達する方法・手段について説明される。言わば実践の章であるが、前述の通りヨーガの状態は、既に存在するので「気づく」ことにある。

　第３章ヴィヴーティパーダは、ダーラナ、ディヤーナ、サマーディの３つをひとまとめにしてサンヤマと総称し、それが達成された時に現れる叡智の光と力（パワー）が説明される。従って、これらのパワーに興味を示すヨーギーもある。しかし、これは詩句（YS 3-50）に明記されているように、これらの力は使おうと思わない時に現れるので、これらを使って何かしようと考えた時には消えてしまう。何故なら、そういう欲望を抱くことは、とりもなおさず心が動くことであり、サンヤマの状態ではないからだ。この力を誇示し

序説

たり、売り物にするヨーギーに魅せられる人もあるが、むしろ、HPに書かれていた微妙で微細なスシュムナー、ナーディー、チャクラ、ヴァーユ、クンダリニーなどの目に見えないものの理解と効果が、この第3章で各自確かめられれば、それでよい。

　第4章は、ラマナ・マハルシが「至高の愛」と称したものを誰が私たちに与えたのか、ブラフマギャーナ（ब्रह्मज्ञानम्）、カイヴァルヤ（कैवर्यम्）について説明される。われわれは、人間として母の子宮から生まれた。その時点では、まったくの純真無垢であるが、成長するにしたがって苦しみや不幸を体験する。それは、私という想念が現れるからである。しかし、ヨーガという言葉の理解に伴ってサンヤマの状態になった時に生まれ変わる。インドでは、これをドゥビジャ（द्विज twice born）と言っている。まさに2度目の誕生である。

　この身体を持った一つの存在は、ムーラプラクリティ（मूलप्रकृति）によって創り出されたものである。創り出されたものは、グナから成り常に変化する（विकृतिः）。プルシャ（पुरुष）から「見られるもの」であって「見る者」ではない。サンヤマの状態になれば、このプルシャ（पुरुष）と常に変化して止まない3つのグナから成るプラクリティ（प्रकृति）を混同するようなことはない。

　しかし、パタンジャリは、ダルマ・メーガ・サマーディと表現し、雲（メーガ मेघ）という言葉を入れて、更に青空はその上だと言っている。そして、カイヴァルヤ（कैवर्यम्）とは「たった一つ」、「分割できない」（英語の individual）、これは、ラテン語起源で、in（否定）＋dividu（分割できる）＋al（性質）という意味で、われわれがそこから来て、やがて、そこへ戻っていく所、空間なのである。

師とその弟子

　ここにスワミ・サッティアナンダ・サラスワティ（師）の指導の

もとに書かれたスワミ・サッティアサンガナンダ・サラスワティ（弟子）著の *Light on the Guru and Diciple Relationship* という本がある。わたしたちは、最初は、小中学校から高校・大学まで先生と生徒という関係でいろんなことを学んできたが、ヨーガといった精神的な事柄を学ぶ時には、どのようにして師と分かるのか、どのようにして師を見つけるのか、どのようにして師を選ぶのか、というような様々な問題が浮かび上がる。というよりも、実際には分からないので、師との出会いは一体どのようにして起こるかと言った方が適当であろう。

　この書は第１部が、スワミ・サッティアサンガナンダ・サラスワティによって書かれ、第２部は、スワミ・サッティアナンダ・サラスワティのサット・サンガでのＱ＆Ａから成りたっていて、師と弟子との関係について書かれている。

　私は、小学生の頃から師には恵まれていて、６年生の時の先生は、私たちを自宅に招いて下さったし、中学校の英語の先生も自宅には友人と遊びに行かせていただいた。ロマン・ロランの全集などが並んでいて、書棚などを見ると何だかわくわくするものがあった。また、大学でも、ゼミや卒論指導に高い塀の立派なご自宅に伺うこともあり、このような、授業とは別の先生と生徒との関係は、不思議な交流を生むような気がしてならない。

　「大学で学んだことをすべて忘れる頃、それが役立つと言われます。」大学の恩師の卒業に際しての言葉だ。

　インドでは、この書名のようにグル、ディサイプルの関係は伝統的に独特な関係があり、師の近くで絶対的な信頼のもと、共に生活をし共に学ぶ。日本にこのような伝統はないが、後に恩師となる故熊谷直一先生には、１９７７年頃に大阪福泉寺で始めてお会いした。ハタヨーガは、この頃から学び始めた。先生に経典も学びたいのですが、と相談すると、故番場一雄先生を紹介して下さった。その頃、ここの研究会では、エリアーデの「ヨーガ」、「天台小止観」、「維摩

序説

経」、佐保田鶴治先生訳の『ヨーガ根本教典』（ハタヨーガプラディーピカー＆ヨーガスートラ）などを研究会で別に読んでいて、ヨーガに関連した書を一通り読むことが出来た。ハタヨーガに関して、故番場一雄先生は、アーサナは言うに及ばす、プラーナーヤーマ、バンダ、ムドラーなどを徹底して研究された方である。行法を伴うこの研究会で学ばせていただいたのは恵まれていた。

　しかし、私には、まだ、グルとはどのような人なのかは分からず、それから何年も経ってから、故熊谷直一先生がグルだと分かった。１９９７年頃のことである。初めてお会いしてから２０年も経っている。グルは、真理への途を指し示す人であって、何かを教えたり、そこまで一緒に連れて行ってくれるようなことは一切ない。何故なら、ヨーガは、各自が気がつくことであってグルとは関係がない。何かを教えるのではなく、尋ねれば、その道をただ示す人である。真理は教えることは出来ない。ヨーガとは何か。サンスクリット語は、誰に学べばいいのか。何を尋ねても、指し示されるだけである。しかし、それは絶対に間違いのない途なので、後はそこを自分の足で歩いて行けばよかった。グルに会えば、その人は必ず変わる。

　サンスクリット語も、同じく故熊谷直一先生が、今学んでいる人があるからと言って紹介して下さった東京のある女性（彼女には、スワミ・チダナンダ・ジーの *Path to blessedness* の翻訳がある）を通じてインドの言語学者で哲学博士のアニル・ヴィディヤランカール先生に「イントロダクトリー・サンスクリット」を学んだ。（このサンスクリット教材については、別項で述べる）

　アニル先生は、「これは doing ですか、happening ですか？」ということをよくおっしゃったが、私たちが「する、または、していること（doing）」は何もない。すべてハプニングである。真理を探究する真摯な気持ちがあれば、このようにグルとの出会いも、起こるべくして起こる。しかし、単に何かを教える、教わるという関係とは少し異なるので、気づくには時間がかかることもある。

また、自分自身を除いた人は、すべて師である。YS (3-41)に「サンヤマの状態になると、空気中を伝わるあらゆる音を聞くことが出来るようになる」とあるように、何千年～何十年前のグルや聖者の言葉も周波数が合えば聴くことが出来る。だから、ウパニシャッドの詩句なども理解出来るのだ。人生で出会う様々の人は、ビリヤードの玉に似ていて、ある玉を除くと、次の玉には当たらない。嫌いな人も、時には敵対関係にある人も排除してしまうと次の人には出会えない。すべてはハプニング。何故なら、インドでは、リーラーと言って、すべてはブラフマ（ब्रह्म）の「戯れ、遊び」（लीला）だからだ。

サーンキャカーリカー

佐保田鶴治先生は、『ヨーガ根本教典』で「サーンキャ哲学の大体を知っていないとスートラの文章を理解することはむずかしいのであります」（３９頁）と述べておられるが、サーンキャ・カーリカーの詩句はどのように書かれているのだろうか。ムーラプラクリティから次々に展開される７つ（サプタ सप्त）と１６（ショーダシャカ षोडशकः）は、よく図示されるが、プルシャとサットヴァ（グナ）などプラクリティとの混同が起こらないよう、よく理解しておく必要がある。下記に、サーンキャカーリカーから、その詩句3を示す。

मूलप्रकृतिरविकृतिर्महदाद्याः प्रकृतिविकृतयः सप्त।
ムーラプラクリティラヴィクリティルマハダードゥヤハ　プラクリティヴィクリタヤハ　サプタ
षोडशकस्तु विकारो न प्रकृतिर्न विकृतिः पुरुषः ॥३॥
ショーダシャカストゥ　ヴィカーロー　ナ　プラクリティルナ　ヴィクリティヒ　プルシャハ

　（註）मूलप्रकृतिः　根源、अविकृतिः　創造されたものではない、महदाद्याः　マハットを始めとして、सप्त　７つ、षोडशकः　１６、प्रकृतिः　生み出す、विकृतिः　創られたも

序 説

の、（また、次のものを生み出す）、विकारः 変化するもの、生成されたもの、

ムーラプラクリティとは、何かから創造されたものではない。
マハットを始めとして７つのものが創られ、さらに次なる１６のグループが創造される。プルシャは、創られたものではないし、何も生み出さない。

創られたものは常に変化をする。プラクリティ（प्रकृति）は、動詞語根√कृ から来ているので、常に活動をする。グナに基づいているが、そのグナは特性とか特質ではない。サットヴァ、ラジャ、タマとは瞬間、瞬間変化し進化していくプロセスを表している。

プラダーナ（प्रधान）からブッディ（बुद्धि）が生じ、ヴィクリティ（विकृति）であるからアハムカーラ（अहंकार）を生み出す。アハムカーラは、５つ（シャブダ、スパルシャ、ガンダ、ルーパ、ラサ）のタンマートラ（तन्मात्र）を生み出す。ここまでが７つ（註）、サプタ（सप्त）である。タンマートラは、５つの感覚器官、５つの行動器官、心、５大要素の合計１６を生み出す。（註）महत् ＋अहङ्कार ＋तन्मात्र ＝ ７

『ヨーガスートラ』第４章は、この詩句の意味をよく理解しておく必要がある。

イーシュワラ

インドでの神は、西洋とは大きく異なる。『ヨーガスートラ』から見ておこう。これらについては、『ヨーガスートラ入門』で説明する。

क्लेश-कर्म-विपाकाशयैः अपरामृष्टः पुरुष-विशेषः ईश्वरः।
クレーシャ カルマ ヴィパーカーシャヤイヒ アパラームリシュタハ プルシャ ヴィシェーシャハ イーシュワラハ

（苦悩などに基づく）混乱、行為やその結果などによって、
一切影響をうけない特別な存在（プルシャ）がイーシュワラで

ある。(YS 1-24)

तत्र निरतिशयं सर्वज्ञबीजम्।
タトラ ニラティシャヤム サルヴァギャビージャム
彼の中に、比類なき全知の種子がある。(YS 1-25)

तस्य वाचकः प्रणवः।
タスヤ ヴァーチャカハ プラナヴァハ
神を表す言葉は、(プラナヴァと呼ばれる) 聖音オームである。
(YS 1-27)

　一方、本書では取り上げないが、西洋の神々については、古代シュメール、バビロニア、エジプトの神々、旧約聖書のヤハウエなどについてゼカリア・シッチン (Zecharia Sitchin) の書などを読まれることをお奨めする。この両者を比較することによって、「この世界 (イハ・ジャガット इह जगत्)」の理解が深まる。この世界は、宗教、国家、マネーという人間の想念によって構成されているが、その中でも５大宗教は大きなウエイトを占めている。それら宗教の起源を是非知っておいてほしい。２０１４年に制作されたインド映画、ＰＫ (RAJKUMAR HIRANI 監督) は必見である。

この世界 (イハ・ジャガット इह जगत्)

　この世界は、宗教・国家・マネーという人間の想念によって構成されている。宗教の中のキリスト教については、ラジニーシがその著 Mustard Seed (原題は「からし種」、邦訳は「愛の錬金術」となっている) で、また、フリードリッヒ・ニーチェは、Anti Christ (原題は「反キリスト」、邦訳は「キリスト教は邪教です」となっている) で、それぞれ分析している。国家については、マックス・ウ

序説

エーバーが「職業としての政治」で見事な定義をした。世界をくまなく覆っているマネーの流れも、資本主義がその根底にあり、同じくマックス・ウエーバーが、古代ユダヤ教、儒教と道教、ヒンズー教などの世界宗教を分析し、その著「プロテスタンティズムと資本主義の精神」で、その成り立ちを明らかにすると同時に、人が人を支配する「支配の諸類型」についても「経済と社会」で鋭い考察をした。ヨーガを理解するためには、われわれが日常生活をしている「この世界」の仕組みを、何よりもよく理解しておく必要がある。

ハタヨーガのデモンストレーションとヨーガ

ドイツ制作の映画「聖なる呼吸（Breath of Gods）」やフランス制作の「至福の１００年（Cent ans de Beatitude）」などによって、従来は静止画（写真）でしか見られなかったものが動画で見られるようになった今日では、プラス面とマイナス面とがある。

これらの映画で見るクリシュナマチャルヤやアイエンガーは、幼少期より長い時間をかけて修練してきたので、非常にフレキシブルなアーサナが可能であるが、これらを見て真似をしてはいけない。

これらの映画で、ハタヨーガの側面を知ることが出来てもクリシュナマチャルヤやアイエンガーのラージャヨーガに関することは映画ではまったく分からない。クリシュナマチャルヤはサンスクリット大学の教授であり、シュローカ集 योगाञ्जलिसारम् や योगसूत्रम् のチャンティングテキストがあるし、アイエンガーには『ヨーガスートラ』（サンスクリット原文と英語・ドイツ語・フランス語による注釈＆解説版）がある。欧米では知られていても、これらに関して邦訳はまったくない。つまり、佐保田鶴治先生の言われた**ヨーガの体操**は分かっても、**ヨーガ**については、映画やインターネットの動画からはなにも伝わってはこないのである。

第1部

ハタヨーガプラディーピカー入門

(हठयोगप्रदीपिका)

凡　例

1．第1部「ハタヨーガプラディーピカー」、第2部「ヨーガスートラ」
　　両経典とも選んだ詩句には、それぞれ通し番号1～60、1～50
　　が付けてある。サンスクリット原文の詩句末尾には詩句番号が示して
　　ある。例えば、॥३-१२६॥ は、第3章126番目の詩句を示す。

2．各詩句は、①邦訳（括弧内は、原文の詩句番号、例えば、3－126
　　は、第3章126番目の詩句を示す）②原文と読み（カタカナ）、③注釈、
　　④解説の順になっている。

第1部　ハタヨーガプラディーピカー入門

ハタヨーガの目的

1. ラージャ・ヨーガがなければ、どんなに素晴らしい大地も、夜も、ムドラーも輝かない。（3-126）

राजयोगं विना पृथ्वी राजयोगं विना निशा ।
ラージャヨーガ゛ム ヴィナー プリティヴィー ラージャヨーガ゛ム ヴィナー ニシャー
राजयोगं विना मुद्रा विचित्रापि न शोभते ॥३-१२६॥
ラージャヨーガ゛ム ヴィナー ムドラー ヴィチットラーピ ナ ショーバテ

　　(註) राजयोग विना ラージャ・ヨーガがなければ、पृथ्वी 大地、निशा 夜、मुद्रा ムドラー、विचित्र 美しい、न शोभते 輝かない、(√शुभ)

　プリティヴィ（大地）とは、ハタヨーガの基盤となるアーサナのことである。同様に、夜とは、熟眠した状態、ハタヨーガでは、ケーヴァラ・クムバカのことで、呼吸は完全に鎮まり、心の動きに伴った日常の活動の止むことの意味である。『ヨーガスートラ』で述べられる「ヨーガとは、心の静止した状態」（YS 1-2）への気づきがなければ、アーサナ、クムバカ、ムドラーといったハタヨーガの行法は、何の意味もなさない。つまり、ハタヨーガの目的は、あくまでラージャ・ヨーガであることがこの詩句で述べてられている。

2. ラージャ・ヨーガを知らないで、ただハタヨーガを行ずる人が多い。彼らは、実りのないことをただ繰り返しているに過ぎない。
　　　　　　　　　　　　　　　　　　　（4-79）

राजयोगमजानन्तः केवलं हठकर्मिणः ।
ラージャヨーガ゛マジャーナンタハ ケーヴァラム ハタカルミナハ
एतानभ्यासिनो मन्ये प्रयासफलवर्जितान् ॥४-७९॥

<small>エーターナビャーシトー マンニェー プラヤーサパ ラヴァルジターン</small>
（註）राजयोगम् ラージャ・ヨーガを अजानन्तः 知らないで、केवल 単に、हठकर्मिणः 実践者、एतान् この、अभ्यासिनः 繰り返し行っている、मन्ये 〜と私は思う、प्रयास - फल - वर्जितान् 努力の実りは全くない、

　われわれが朝、目が覚めて始まる日常の活動は、心の動きに伴ったものであり、ヨーガの状態からはかけ離れた「ヴィヨーガ」の状態である。このことは、あまり意識にはのぼらない。この状態からヨーガに気づくために4つの途がある。インドの聖者たち、例えば、ヴィヴェーカナンダ（註1）にしても、マハルシ（註2）にしても、この途を、カルマ・ヨーガ、バクティ・ヨーガ、ラージャ・ヨーガ（ディヤーナ・ヨーガ）、ギャーナ・ヨーガとして示している。

　　　（註1）ヴィヴェーカナンダ全集にも入っているし、4つそれぞれが、独立した
　　　　　　名前の書としても出版されている。
　　　（註2）マハルシの3作品中「ウパデーシャサーラ」がそれにあたる。

　どの途を通るかは、その人に合った途を選べばよい。この内、ハタヨーガは、ラージャ・ヨーガの準備段階として行うので、このことをよく理解していないと、この詩句のように、実りのないものとなってしまう。

ハタヨーガと呼吸

3. 呼吸が鎮まり、心が消滅すると、調和のとれた状態、つまり、サマーディーと呼ばれる状態が訪れる。（4−6）

　マハルシが「ウパデーシャ・サーラ」で述べた通り、「呼吸」（プ

ラーナ)と「心」(想念・イメージ・思考のエネルギー)は、生命という1つの樹から出た2本の幹であり、呼吸が鎮まれば、心は消滅する。このことをマッチェンドラナータなどハタヨーガの創始者たちはよく知っていて、まず、身体から躾(しつけ)よと言ったのである。呼吸が鎮まれば、心は消滅し「真の自己」に留まる。これが、ヨーガ、つまりラージャ・ヨーガの意味である。以上の3つの詩句 1. 2. 3. の意味がよく理解出来れば、ハタヨーガは成功する。

(原文3)
यदा सङ्क्षीयते प्राणो मानसं च प्रलीयते ।
ヤダー サンクシーヤテー プラーノー マーナサム チャ プラリーヤテー
तदा समरसत्वं च समाधिरभिधीयते ॥४-६॥
タダー サマラサットヴァン チャ サマーディラビディーヤテー

(註) यदा もし〜ならば、सङ्क्षीयते 消滅する、प्राणः プラーナ、मानसं 心、च 〜と、प्रलीयते 吸収される、तदा その時、समरसत्वां 調和の取れた状態、समाधिः サマーディ、ヨーガの状態、अभिधीयते 〜と呼ばれる、

ナーディー、スシュムナー、チャクラ

4. さまざまなアーサナ、クムバカ、ムドラーによってクンダリニーが目覚め、不断に動き回るエネルギーは霧散する。
(4-10)

ここから、実際に身体を操作した、アーサナ、クムバカ、ムドラーなどの実践の説明がされるが、まず、次のギーターの詩句をよく理解しておいてほしい。

深い理解に基づく知識は、実践より優れているが、瞑想はそれに勝る。

しかし、私という想念のないことは、瞑想よりさらに優れていて静寂が訪れる。

श्रेयो हि ज्ञानमभ्यासाज्ज्ञानाद्ध्यानं विशिष्यते ।
シュレヨー ヒ ギャーナマビャーサージギャーナードディヤーナム ヴィシシュヤテー
ध्यानात्कर्मफलत्यागस्त्यागाच्छान्तिरनन्तरम् ॥१२-१२॥
ディヤーナートカルマパラトヤーガーサットヤーガーストヤーガーッチャンティラナンタラム

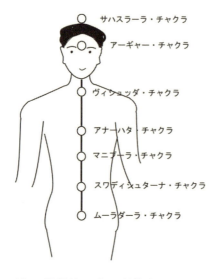

この「私という想念のないこと」とは、呼吸が鎮まり、心が全く消滅した状態のことである。「不断に動き回るエネルギー」とは、心を運ぶプラーナのことを言っている。呼吸と心は連動しているので、次句以下で詳しく説明する。

ここで、後掲の「ヨーガスートラ入門」で説明するが、ハタヨーガは、タントラの持つ科学的・生理学的な側面を選び出したので、タントラについて簡単に説明しておくことにする。

上図は、7つのチャクラをイラストで示したものである。実線のスシュムナー（背骨）をイメージしてもらうと理解しやすい。

タントラでは、身体と心は一つであり、身体は心の乗り物(vehcle)である。そして、プラーナ（息）は、心を運ぶものである。その基本原理は、シャクティ（女性原理・शक्तिः）で、「ものごと」や「心」

として顕れる（生まれる）。従って、プラーナは、無数のナーディー（नाडी）やスシュムナー（सुषुम्ना 背骨）といった通路を往き来する。また、「とぐろを巻いて眠る蛇」としてイメージされる背骨の土台にクンダリニー（कुण्डलिनी）というエネルギーのセンターがムーラダーラ・チャクラの辺りにあるとされ、プラーナは、左鼻（イダー इडा）、右鼻（ピンガラ पिङ्गला）から、このスシュムナーをはじめとして全身を流れる。また、スシュムナーの中には、チャクラ（चक्र）という「心の車輪＝欲望の住む森」があるとされる。このチャクラは、前掲図のように、スシュムナーの下側から順に、１．ムーラダーラ（मूलधार चक्र）、２．スワディシュターナ（स्वधिष्ठान चक्र）、３．マニプーラ（मणिपूर चक्र）、４．アナーハタ（अनाहत चक्र）、５．ヴィシュッダ（विशुद्ध चक्र）、６．アーギャー（आज्ञा चक्र）、７．サハスラーラ（सहस्रार चक्र）の７つである。それぞれ、安全、性欲、名声、愛情・信頼、知識、目覚めなどの欲望の車輪と考えられている。クンダリニーが目覚め、活性化するというのは、よく、超能力的な力が備わると理解されがちだが、そうではなく、この詩句にあるように、これらの欲望のチャクラが次々破られ霧散して心が消滅すると考えた方がよい。

（原文4）
विविधैरासनैः कुम्भैर्विचित्रैः करणैरपि ।
ヴィヴィダイラーサナイヒ クムバイルヴィチトライヒ カラナイラピ
प्रबुद्धायां महाशक्तौ प्राणः शून्ये प्रलीयते ॥४-१०॥
プラブッダーヤーム マハーシャクタウ プラーナハ シューンニエー プラリーヤテー

　（註）विविधैः さままざまな、आसनैः アーサナ、कुम्भैः クムバカ（保息）、विचित्रैः 異なった、करणैः ムドラー、अपि などによって、प्रबुद्धायां 顕れる、呼び起こされる、目覚める、महाशक्तौ प्राणः エネルギー、शून्ये ブラフマランドラに、प्रलीयते 吸収される、消える、

心と呼吸（プラーナ）の関係

5. 心が吸収されると、それに連動してプラーナ（活動エネルギー）も鎮まり、やがて心は消滅する。（4－23）
6. ミルクと水のように、心とプラーナには親和性があって、連動して動く。プラーナが鎮まると、心も動かなくなり、心が鎮まると、プラーナも動かなくなる。（4－24）
7. 一方が鎮まれば、他方も鎮まる。一方が動けば、他方も動く。一方が止まらなければ、感覚器官も活動する。心とプラーナが共に止まれば、モークシャが訪れる。（4－25）

　マハルシの「ウパデーシャサーラ」（US-12）の詩句を思い出してほしい。

　　　心とプラーナには、それぞれ思考力と活性エネルギーとが付与されている。これらは、1つの樹（根源）より分かれた2つの幹である。

चित्तवायवश्चिक्रियायुताः ।　（チッタヴァーヤヴァシュチツクリヤーユターハ）
शाख्योर्द्वयी शक्तिमूलका ॥१२॥　（シャーカヨールドヴァイー　シャクティムーラカー）

　ハタヨーガは、このプラーナ（呼吸）と心の関係をよく理解して実践しなければならない。佐保田鶴治先生が「身体の動きに呼吸をつければ、すべてハタヨーガになる」と言われたのは、このことであって、ハタヨーガを習う人は、アーサナの形を真似るよりも、指導者の呼気・吸気に意識を集中し、出す息は、入れる息の2～5倍の長さ、これを真似るようにする。つまり、プラーナーヤーマという調気法は別にあるが、アーサナは呼吸に先導されて行うようにすることが大切である。さらに、理解が深まれば、第2部の「ヨーガスートラ入門」6．で述べる（YS 1-34）「息を吐いたり吐いたり止めた

りしても、心は静かになる」へと進む。（87頁参照）

(原文5)

मनो यत्र विलीयेत पवनस्तत्र लीयते ।

マノー ヤットラ ヴィリーヤテー パヴァナスタットラ リーヤテー

पवनो लीयते यत्र मनस्तत्र विलीयते ॥४-२३॥

パヴァノー リーヤテー ヤットラ マナスタットラ ヴィリーヤテー

(註) मनः 心、 यत्र ～すると、 विलीयते 吸収される、 पवनः 息、呼吸、 तत्र すると、 लीयते 消える、

(原文6)

दुग्धाम्बुवत् सम्मिलितावुभौ तौ तुल्यक्रियौ मानसमारुतौ हि ।

ドゥグダームブヴァット サムミリターヴバウ タウ トゥルヤクリヤウ マーナサマールタウ ヒ

यतो मरुत्तत्र मनः प्रवृत्तिर्यतो मनस्तत्र मरुत्प्रवृत्तिः ॥४-२४॥

ヤトー マルッタトラ マナハ プラヴリッティルヤトー マナスタットラ マルツプラヴリッティヒ

(註) दुग्ध-अम्बुवत् ミルクと水のように、 सम्मिलितौ 親和性、 उभौ 両方の、 तौ मानस-मारुतौ 心と風（プラーナ、息）、 हि まさに、 तुल्यक्रियौ 連動して、 यतः ～すると、 मरुत् 風、呼吸、 मनः प्रवृत्तिः 心の動き、 मरुत्प्रवृत्तिः 呼吸の動作、

(原文7)

तत्रैकनाशादपरस्य नाश एकप्रवृत्तेरपरप्रवृत्तिः ।

タットライカナーシャーダパラスヤ ナーシャー エーカプラヴリッテーラパラプラヴリッティヒ

अध्वस्तयोश्चेन्द्रियवर्गवृत्तिः प्रध्वस्तयोर्मोक्षपदस्य सिद्धिः ॥४-२५॥

アドゥヴァスタヨーシュチェーンドリヤヴァルガヴリッティヒ プラドゥヴァスタヨールモークシャパダスヤ シッディヒ

(註) तत्र 一方が、 एकनाशात् 鎮まれば、 अपरस्य 他方の、 नाशः 鎮まる、 एकप्रवृत्तेः अपरप्रवृत्तिः च もう一方が動けば、他方も動く、 अध्वस्तयोः 消滅しない、 इन्द्रियवर्गवृत्तिः （5つの）感覚器官も動く、 प्रध्वस्तयोः 消滅する、 मोक्षपदस्य सिद्धिः モークシャが訪れる、

第1部　ハタヨーガプラディーピカー入門

サマーディすなわちヨーガ

8．すべての想念が消滅し、「真の自己」と結合した時、それがサマーディーと呼ばれる。（4-7）

　サマーディーとは、「真の自己」との結合、ユッジュ（√युज् to unite）のことで、「ヨーガスートラ入門」で説明する最初の詩句、YS-2 と YS-3 に書かれている状態のことである。また、マハルシの「私とは誰か」の冒頭の詩句、至高の愛（パラマプレムナ परमप्रेम्ण）(註)に気づいた状態とも同じである。これがハタヨーガの目的、つまり、ラージャ・ヨーガである。このことが 1．で説明した（HP 3-126）の詩句で述べてられていた。(註) 恐らくパラマプレマ（परमप्रेम）の間違いだと思われるが、原文のままとした。以下同様。

（原文8）
तत्समं च द्वयोरैक्यं जीवात्मपरमात्मनोः।
タッサマン　チャ　ドゥヴァヨーライキャム　ジーヴァートマパラマートマノーホ
प्रनष्टसर्वसङ्कल्पः समाधिः सोऽभिधीयते ॥४-७॥
プラナシュタサルヴァサンカルパハ　サマーディヒ　ソービディーヤテー

　(註) तत्समं　その状態、द्वयोः　2つが、ऐक्यं　一つになる、जीवात्म - परमात्मनोः　ジーヴァートマとパラマートマが、प्रनष्ट - सर्व - सङ्कल्पः　すべての想念が消滅する、समाधिः　サマーディ、अभिधीयते　～と言う、

ハタヨーガからラージャヨーガへ

9．ハタヨーガの優れた、さまざまなアーサナ、クムバカ、ムドラーは、ラージャ・ヨーガに達するまで実践しなければならない。
（1-67）

インドでは、レイヤーのような「5つの鞘」（パンチャ・コーシャ पञ्चकोश）を考え、それぞれ、1．食物によって作られ維持されているこの物理的な身体を「アンナマヤ अन्नमयकोशः」、2．プラーナなどのエネルギーの流れを「プラーナマヤ प्राणमयकोशः」、3．心を「マノーマヤ मनोमयकोशः」、4．知性を「ギャーナマヤ ज्ञानमयकोशः」、5．至福の状態を「アーナンダマヤ आनन्दमयकोशः」としている。ハタヨーガは、従って、まず、身体から躾けることによって、徐々に精妙なレイヤーへと入り込む行法である。そのため、様々な操作を試みる。それが、これから説明されるアーサナ、クムバカ、ムドラー、バンダである。しかし、目的は、ラージャヨーガ、パラマプレムナ（परमप्रेम्ण）への気づきであり、アーナンダマヤ、サハスラーラ（千の花弁の蓮華）で象徴されるサンヤマの状態と同じである。

（原文10）
पीठानि कुम्भकाश्चित्र दिव्यानि करणानि च ।
ピーターニ クムバカーシュチットラ ディヴィヤーニ カラナーニ チャ
सर्वाण्यपि हठाभ्यासे राजयोगफलावधि ॥१-६७॥
サルヴァーニャピ ハターピヤーセ ラージャヨーガ パ ラーヴァディ

（註）पीठानि 坐法、アーサナ、कुम्भकाः クムバカ、चित्राः さまざまな、दिव्यानि 優れた、करणानि ムドラー、सर्वाणि すべて、हठाभ्यासे ハタヨーガの実践、राजयोग ラージャ・ヨーガに、फलावधि 到達するまで、

グルのグル(lineage)への崇敬

10．ハタヨーガを詳説したシュリー・アーディナータ（シュヴァ神）に礼拝します。ハタヨーガは、高くそびえるラージャ・ヨーガへと導く階段のようなものである。（1－1）

ハタヨーガは、ラージャ・ヨーガへと（昇りたいと願う人を）導

く足元を照らす灯りとなるもの、その一番最初のグルはアーディナータ、つまり、シヴァ神である。シヴァは、パールヴァティにハタヨーガを教えたとされる。インドでは、いつも根源とは何か、その根源への感謝の気持ちから始まる。これを忘れては、何事も成就しない。「ヨーガとは、心が消滅した状態」、ヨーガスートラのYS 1-2の詩句とまったく同じ意味で、思考のいっさい湧かない状態、これがラージャ・ヨーガである。従って、マハルシが「ウパデーシャ・サーラ」で指摘した通り、心（想念・イメージ・思考力の根源）と呼吸（プラーナ）の出所が同じなので、呼吸が鎮まると心は消滅する。これがハタヨーガの行法として一番重要である。従って、同じように、ブッダもアーナーパーナサティ（出る息・入る息をよく観察する）を実践法として取り入れた。呼吸への気づきがなければ、ハタヨーガは成り立たない。単に、多くのアーサナをやることや特定のアーサナを繰り返すことがハタヨーガではない。(第2部「ヨーガスートラ入門」11．93頁の図を参照)

(原文9)
श्रीआदिनाथाय नमोऽस्तु तस्मै येनोपदिष्टा हठयोगविद्या ।
シュリーアーディナーターヤ ナモーストゥ タスマイ イェノーパディシュター ハタヨーガヴィドゥヤー
विभ्राजते प्रोन्नतराजयोगमारोढुमिच्छोरधिरोहिणीव ॥१-१॥
ヴィブラージャテー プローンナタラージャヨーガマーロードゥミッチョーラディローヒニーヴァ

(註) तस्मै श्री आदिनाथाय シュリー・アディーナータに、नमः 礼拝、अस्तु 〜いたします、येन 〜によるところの、उपदिष्टा 教え、हठयोगविद्या ハタヨーガの知識、विभ्राजते 輝く（वि.√भ्राज् 輝かせる）、明かりとなる、प्रोन्नत 非常に高い、優れた、राजयोगम् ラージャ・ヨーガへ、आरोढुम् 登っていくための、इच्छोः (√इष् 願う) 望み、अधिरोहिणी 階段、इव 〜のような、

11．スヴァートマーラーマは、最初のグルに礼拝した後、ラージャヨーガが成就するためのハタヨーガの説明に入る。（1－2）

　何かを始める時、常に、根源への感謝の気持ちを忘れてはならない。グルのグル、というふうに順に辿っていき（これをサンスクリット語で、グルパラムパラ गुरुपरंपर と言う）、礼拝してから物事を始める。

（原文11）
प्रणम्य श्रीगुरुं नाथं स्वात्मारामेण योगिना ।
プラナミャ シュリーグルム ナータム スヴァートマーラーメーナ ヨーギナー
केवलं राजयोगाय हठविद्योपदिश्यते ॥१-२॥
ケーヴァラム ラージャヨーガーヤ ハタヴィドヨーパディシャテー

(註) प्रणम्य 礼拝して、 श्रीगुरुं नाथं 最初のグル・ナータに、 योगिना स्वात्मारामेण ヨーギー・スヴァートマーラーマによって、 केवलं ただ、 राजयोगाय ラージャヨーガのため、 हठविद्या ハタヨーガの説明・インストラクション、 उपदिश्यते 伝える、

12．ラージャヨーガは、多くの異なった意見によって生じる誤った認識によっては知ることが出来ない。スヴァートマーラーマは、深い思いやりによってハタヨーガ・プラディーピカーをもたらした。（1－3）

　何事も深い思いやりと、わが子に対するような無心の愛がないと出来ない。親は、常に子供の足元を照らしてやる存在なのだ。スヴァートマーラーマによってもたらされたハタヨーガ・プラディーピカーという灯りも同じである。

(原文12)
भ्रान्त्या बहुमतध्वान्ते राजयोगमजानताम् ।
ブラーンツヤー バフマタドゥヴァーンテー ラージャヨーガマジャーナターム
हठप्रदीपिकां धत्ते स्वात्मारामः कृपाकरः ॥१-३॥
ハタプラディーピカーム ダッテー スヴァートマーラーマハ クリパーカラハ

(註) भ्रान्त्या (भ्रान्ति f. Ins.) 誤った認識によって、बहुमतध्वान्ते 多くの異なった意見によって生じる、 राजयोगम् ラージャヨーガを、 अजानताम् 知ることは出来ない、 हठप्रदीपिकां ハタプラディーピカーを、धत्ते (√धा 与える) もたらす、 स्वात्मारामः スヴァートマーラーマは、 कृपाकरः 深い思いやり、

13. マッチェンドラ、ゴーラクシャなどは、ハタヨーガを熟知していた。その恩恵によってヨーギー・スヴァートマーラーマは、それを学ぶことが出来た。（1－4）

　私たちが、ハタヨーガにふれることが出来たのも、マッチェンドラナータ、ゴーラクナータ、スヴァートマーラーマと伝承されてきたおかげである。以下、第1章の詩句5から9まで、伝えてきた人たち、マハーシッダー(महासिद्धाः)の名前が30人ほど列挙されるが、どうして今の私が在るのか、と同じように、その根源と系譜、伝承していくことの大切さを知ってほしい。歌舞伎や能の家柄に生まれれば芸は伝承されていくだろうが、そうではない家柄の私たちにとって真理を伝承していくことは非常に難しい。**10. 11. 12. 13.** この4つの詩句の意味をよく理解し、後の人に伝えてほしい。

(原文13)
हठविद्यां हि मत्स्येन्द्रगोरक्षाद्या विजानते ।
ハタヴィドゥヤーム ヒ マツスイェーンドラゴーラクシャドゥヤー ヴィジャーナテー
स्वात्मारामोऽथवा योगी जानीते तत्प्रसादतः ॥१-४॥

スヴァートマーラーモータヴァー ヨーギー ジャーニーテ タッツプラサーダ'タハ

（註）हठविद्यां ハタヨーガの知識、हि まさに（強意）、मत्स्येन्द्र マッチェンドラ、गोरक्षाद्याः ゴーラクシャなど、विजानते 理解していた、योगी स्वात्मारामः ヨーギー・スヴァートマーラーマは、अथवा また、जानीते 学んだ、तत्प्रसादतः その恩恵、

教えの保持と伝承

１４．シッディを望むヨーギーは、ハタヨーガの教えを保持しておくと力があり、むやみに開示しては無力になる。（１－１１）

　教えはすべて経典の中に開示されていて、隠されているものは全くない。ハタヨーガプラディーピカーの場合も、短い詩句の中にグルからの教えが凝縮して述べられている。従って、言葉と意味との関係（『ヨーガスートラ入門』４２．で説明）に深い理解がない人が、言葉の聞きかじりをして自己流に解釈し、それを開示してはならない。ハタヨーガでは、特に、「心・ハ（ह）」と「呼吸・タ（ठ）」両者の関係がよく理解出来ていない人や、まだ、準備の整っていない人は、誤った形で伝えてしまう。まして、**昨今では、不用意にネットに投稿したり、ブログに書いたりする危険性が非常に高い。**グルと弟子の信頼関係がきわめて重要である。師と弟子が学びを始める前に必ず唱える有名なマントラがあるのは、そのためである。

ॐ सह नाववतु । सह नौ भुनक्तु । सहवीर्यं करवावहै ।
オーム サハナー ヴァヴァトウ サハ ナウ ブナクトウ サハヴィーリャム カラヴァーヴァハイ

तेजस्वि नावधीतमस्तु । मा विद्विषावहै ।
テージャスヴィ ナーヴァディータマストウ マー ヴィッドヴィシャーヴァハイ

ॐ शान्तिः शान्तिः शान्तिः ॥　オーム シャーンティ シャーンティ シャーンティヒ

37

私たち二人を、ブラフマが護ってくれますように。
学びが、二人を育て、調和し、輝かせ、実り多く、
互いに憎み合ったりしませぬように。

（原文14）
हठविद्या परं गोप्या योगिनां सिद्धिमिच्छताम् ।
ハタヴィドヤー パラム ゴーピャー ヨーギナーム シッディミッチャターム
भवेद्वीर्यवती गुप्ता निर्वीर्या तु प्रकाशिता ॥१-११॥
バヴェードヴィールヤヴァティー グプター ニルヴィールヤー トゥー プラカーシター

（註）हठविद्या ハタヨーガの知識、परं गोप्या 開示しない、योगिनां सिद्धिम् इच्छताम्
シッディを望むヨーギーは、गुप्ता वीर्यवती भवेत् 保持しておくと力があり、
निर्वीर्या 無力、प्रकाशिता 輝く、

ハタヨーガの心構え

15．ハタヨーガは、次の６つによって崩れる。過食、過労、お喋り、自己規律へのこだわり、人との交際、落ち着きのなさ。
（１－15）

　ここに挙げられた６つと次の１６．（HP 1-58）、１７．（HP 1-16）は、「ヨーガスートラ入門」の１２．（YS 2-32）「ニヤマ」に代えて「自己への規律」とするべき事柄である。この中でも最も気をつけなければならないのは、お喋り、人との交際である。何故なら、世の中の変化が非常に激しく、周囲は言葉の洪水になっているからである。インターネットの登場によって、いまや一人一人が、コンピューター（スマートフォン）を持ち歩く環境となった。SNS、FaceBook、Twitter、Youtubeと、常に頭の中は、言葉、映像であふれている。ヴィヴェーカナンダの言葉を紹介しよう。

第 1 部　ハタヨーガプラディーピカー入門

　五感によっても、言葉によっても、心によっても決して真理には
到達しない。

न तत्र चक्षुर्गच्छति न वाग्गच्छति नो मनः।

　　　ナ　タットラ　チャクシュルガッチャティ　ナ　ヴァーグガッチャティ　ノー　マハナ
　　（註）तत्र　そこ（真理）、चक्षः　目などの五感、वाक्　言葉、न गच्छति　到
　　　　達しない、नो（न उ）決して～しない、मनः　心、

　言葉とイメージ（映像）による情報は、心の動き回る想念の世界
である。インターネットや、友達との交際によっては、ヨーガの状
態（真の自己との結合）には、決してならない。人は孤独を嫌い、
常に淋しくなると二人以上の群れを作る。これをサンスクリット語
でジャナサンガ（जनसङ्ग）というが、例えサットサンガと言えども
同じで、そこにいると安心する。しかし、ヨーガは、常に自分自身
の問題であって、師があなたの代わりになることは出来ない。ある
組織や団体に所属し集まっていると安心であっても解決にはならな
い。また、自己規律へのこだわりは、心で心をコントロールしよう
とするが、想念に基づくので、不可能である。

（原文 15）
अत्याहारः प्रयासश्च प्रजल्पो नियमग्रहः।
アーッヤーハーラハ　プラヤーサシュチャ　プラジャルポー　ニヤマグラハハ
जनसङ्गश्च लौल्यं षड्भिर्योगो विनश्यति ॥१-१५॥
ジャナサンガシュチャ　ラウルヤム　シャンビルヨーゴー　ヴィナシヤティ

　（註）अत्याहारः　過食、प्रयासः　過労、प्रजल्पः　お喋り、नियमग्रहः　自己規律への
　　　こだわり、जनसङ्गः　人との交際、लौल्यं　落ち着きのなさ、षड्भिः　6 つに
　　　よって、योगः　ヨーガは、विनश्यति　崩れる、

39

16. 胃の四分の一は空けておき、よく調理されたつつましい食物を食すること。シヴァ神への供物としていただくこと。
　　　　　　　　　　　　　　　　　　　　　　　(1-58)

　多くのヨーギーも、この詩句の無理解によって崩れる。「人は食べ物次第（You are what you eat.）」と言われるように、身体は食べ物によって出来上がっている。食べる際に、胃袋の２／４（１／２）を食物で満たし、残りの１／４は水、１／４は空気を入れておく、というのが鉄則だ。上掲の句の「過食」は、食べる量の問題で、この句と同時によく理解しておかなくてはならない。

(原文 16)
सुस्निग्धमधुराहारश्चतुर्थांशविवर्जितः ।
ススニグダマドゥラーハーラシュチャトゥルターシャヴィヴァルジタハ
भुज्यते शिवसम्प्रीत्यै मिताहारः स उच्यते ॥१-५८॥
ブジャヤテー　シヴァサムプリーツヤイ　ミターハーラハ　サ　ウッチャテー

(註) सुस्निग्धः　マイルドに、柔らかく、मधुरः　味よく上手に（調理された）、आहारः　食物、चतुर्थांश - विवर्जितः　１/４は空けておく、भुज्यते　食べる、शिव - सम्प्रीत्यै　シヴァ神を喜ばせるための、मिताहारः　供物、उच्यते　～と言われる、

17. ハタヨーガは、次の６つによって成功する。熱心さ、勇敢さ、不屈の精神、真理を知ること、探求心、人とのムダな交際の廃止。（1-16）

　前詩句15．と逆で、ここに挙げた６つのことによってヨーガはどのような状態で、パラマプレムナ（परमप्रेम्ना）「至高の愛」として各自に存在しているのかに気づく。それは、何も達成するとか、成功するといったことではなく、気づきが生まれるだけである。

第1部　ハタヨーガプラディーピカー入門

（原文17）
उत्साहात्साहसाद्धैर्यात्तत्त्वज्ञानाच्च निश्चयात् ।
ウッサーハーッサーハサーッダイルヤーッタットヴァギャーナーッチャ　ニシュチャート
जनसङ्गपरित्यागात् षड्भिर्योगः प्रसिद्ध्यति ॥१-१६॥
ジャナサンガパリッヤーガート　シャッドビルヨーガハ　プラシッダヤティ

（註）उत्साहात्　熱心さ、साहसात्　勇敢さ、धैर्यात्　不屈の精神、तत्त्वज्ञानात्　真理を知ること、निश्चयात्　探求心、積極性、जनसङ्ग परित्यागात्　人とのムダな交際の廃止、षड्भिः　6つによって、योगः　ヨーガは、प्रसिद्ध्यति　成功する、

アーサナ

18．ハタヨーガの第1段階、アーサナの説明に入る。
　　強健で堅固、病から遠ざかる軽快な身体をつくるのがアーサナである。（1-17）

　ハタヨーガの第1段階のアーサナは、病気であったり、身体が弱く、毎晩、熟眠が体験できない、ということは、ヨーガの状態の理解が不可能な人が、まず、強健で堅固、病から遠ざかる軽快な身体をつくることを目指している。佐保田鶴治先生は、**ヨーガの体操**と表現されたが、日本では「ヨーガ」という言葉の代名詞がアーサナを指していることが多い。ハタヨーガの理解が深まれば、その目的がラージャヨーガであることは、いずれ分かる。

（原文18）
हठस्य प्रथमाङ्गत्वादासनं पूर्वमुच्यते ।
ハタスヤ　プラタマーンガトヴァーダーサナム　プルヴァムッチャテー
कुर्यात्तदासनं स्थैर्यमारोग्यं चाङ्गलाघवम् ॥१-१७॥
クルヤーッタダーサナム　スタイルヤマーローギャム　チャーンガラーガヴァム

第1部　ハタヨーガプラディーピカー入門

(註) हठस्य ハタヨーガの、प्रथम - अङ्गत्वात् 第1部門に当たる、आसनं アーサナを、पूर्वम् उच्यते 最初に述べる、स्थैर्यम् 強健で堅固、आरोग्यं 病から遠ざかる、च さらに、आसनं アーサナは、अङ्ग लाघवम् कुर्यात् 手足の軽快さを生む、

19. 床に両脚をまっすぐ伸ばし、両方の人差し指と中指で伸ばした足の親指に引っかけてヒザの上に額を付ける。これがパシュチマターナ・アーサナである。（1－28）

　パシュチマターナ・アーサナ（पश्चिमतानासन）は、単なる前屈ではなく、背骨を上に引き上げることに留意する。腰のところから二つ折りになるようにし、十分背骨が伸びると、額は自然にヒザに付くので、額を先に脚に付けようとはしない。両手は、両脚側面に沿わせるようにして延ばしてもよく、必ずしも足の親指を掴まなくてもよい。なお、このアーサナに入る前に、片足ずつジャーヌシールシャ・アーサナ（जानुशीर्षासन）を行ってもよい。ジャーヌシールシャ・アーサナは、目的が異なるので、必ず足の踵を会陰部に付ける。

（原文 19）
प्रसार्य पादौ भुवि दण्डरूपौ दोर्भ्यां पदाग्रद्वितयं गृहीत्वा ।
プラサールヤ　パーダウ　ブヴィ　ダンダルーパウ　ドールビャー　パダーグラドゥヴィタヤム　グリヒートヴァー
जानूपरिन्यस्तललाटदेशो वसेदिदं पश्चिमतानमाहुः ॥१-२८॥
ジャーヌーパリンニャスタララータデーショー　ヴァセーディダム　パシュチマターナマーフフ

(註) प्रसार्य 伸ばして、पादौ 両脚を、भुवि 地面に、दण्डरूपौ 棒のように真っ直ぐ、दोर्भ्यां (=द्वाभ्यां कराभ्यां द्वितयं गृहीत्वा, द्वितयं 両方、√ग्रह 掴む、)、पादाग्रद्वितयं गृहीत्वा 両方の足の親指を掴んで、जानु ヒザ、उपरि 上に、न्यस्तः 置く、ललाटदेशो 前額部、वसेत् そのまま保つ、(√वस् そのままの状態でいる)、इदं これが、पश्चिमतानम् パシュチマターナ(アーサナ)、आहुः ～と言う、(√ब्रू)

２０. アーサナの中でも最高のパシュチマターナ・アーサナは、気をスシュムナーの中を通して流し、胃の中の消化の火を強め、腰を細くし、あらゆる病気をなくする。（1－29）

　この詩句でパシュチマターナ・アーサナが「アーサナの中でも最高」と表されているのには理由がある。三木成夫の名著「胎児の世界」の写真、または、A．D．A（Animated Dissection of Anatomy）のアニメーション Nine Month Miracle にあるように、胎児は母親の子宮の中で少し丸まった形で安らいでいる。ここは、最も安全で至福に満ちた場所であって、胎児は、心が最も安らぐ体位をとっている。このアーサナは、コブラのアーサナとは逆で、心に沈静をもたらす。

(原文20)
इति पश्चिमतानमासनाग्र्यं पवनं पश्चिमवाहिनं करोति ।
イティ パシュチマターナマーサーナーグニャム パヴァナム パシュチマヴァーヒナム カロティ
उदयं जठरानलस्य कुर्यादुदरे कार्श्यमरोगतां च पुंसाम् ॥१-२९॥
ウダヤム ジャタラーナラスヤ クルヤードゥダレー カールシャマローガターム チャ プンサーム

(註) इति पश्चिमतानम् आसन このパシュチマッターナ・アーサナは、अग्र्यं 最高の、पुंसाम् पवनम् プラーナ、気、पश्चिमवाहिनं करोति スシュムナーの中を流す、उदयं 燃やす、जठरानलस्य 胃の火、उदरे कार्श्यम् 腰を細くする、अरोगतां च कुर्यात् 病気もなくする、

43

21. 死体のように仰向けに横たわる体位がシャバ・アーサナである。アーサナの疲れを和らげ、心を静けさへと導く。(1-32)

「アーサナの疲れを和らげ」となっているが、アーサナは、ゆっくりとした呼吸を伴って行われ、各アーサナで、緊張の後は、十分弛緩してから次のアーサナに移る訳であるから、通常のアーサナで疲れが出ることはない。つまり、「ヨーガスートラ」(YS 2-46)の「身体が安定していて快適な状態がアーサナである。(スティラスカム　アーサナム स्थिरसुखम् आसनम् ।)」従って、シャバアーサナは、サルヴァンガ・アーサナやハラ・アーサナなどの時には行うが、あくまでも、心を鎮めるためである。なお、ブッダが実践法とした「アーナーパーナサティ（आनापानसति）出息、入息に留意する実践」をアーサナに取り入れ、動作は呼吸に先導されて行うようにすると、ラージャヨーガへの途は早い。

(原文21)
उत्तानं शववद्भूमौ शयनं तच्छवासनम् ।
ウッターナム　シャヴァヴァドゥブーマウ　シャヤナム　タッチャヴァーサナム
शवासनं श्रान्तिहरं चित्तविश्रान्तिकारकम् ॥१-३२॥
シャヴァーサナム　シュラーンティハラム　チッタヴィシュラーンティカーラカム

(註) उत्तानम् 背中を下に横たわって、शववत् 死体のように、भूमौ 地面に、शयनं 横たわる、तत् それが、शवासनम् シャバ・アーサナ、श्रान्तिहरम् 疲れを取り除く、चित्तविश्रान्तिकारकम् 心を鎮める、

22. シヴァ神は84のアーサナを説かれたが、その中の最も重要な4つを説明しよう。(1-33)

第1部　ハタヨーガプラディーピカー入門

　4つのすぐれた体位とは、シッダ・アーサナ（सिद्धासन）、パドマ・アーサナ（पद्मासन）、シンハ・アーサナ（सिंहासन）、バドラ・アーサナ（भद्रासन）である。この中で、シッダ・アーサナとパドマ・アーサナを以下で取り上げて説明する。

（原文22）
चतुरशीत्यासनानि शिवेन कथितानि वै ।
チャトゥラシーツヤーサナーニ　シヴェーナ　カティターニ　ヴァイ
तेभ्यश्चतुष्कमादाय सारभूतं ब्रवीम्यहम् ॥१-३३॥
テービャシュチャトゥシュカマーダーヤ　サーラブータム　ブラヴィーミャハム

（註）चतुरशीति　84の、आसनानि　アーサナが、शिवेन　シヴァ神によって、कथितानि　話された、वै　まさに、तेभ्यः　その中から、चतुष्कम्　4つの、आदाय　〜に関して、सारभूतम्　最も重要な、अहम्　ブラヴィーミ　私は、話そう（√ब्रू）

23．左足の踵（カカト）を会陰部に当て、右足の踵（カカト）を恥骨（または、男性は性器の上）に当てる。あごを胸の方にしっかり引きつけ、上体を真っ直ぐに立て、感覚器官を対象から遮断し、眉間を凝視しなさい。これがシッダ・アーサナと言われ、モークシャ（何ものにも縛られない状態）に導く。（1-35）

45

シッダ・アーサナは、**4**.（HP 4-10）でふれたように、タントラに基づくハタヨーガの特質が最もよく現れているので、クンダリニーというエネルギーのセンターのことをよく理解しておく必要がある。「左足の踵（カカト）を会陰部（性器と肛門の中間）に当て、右足の踵（カカト）を恥骨（または、男性は性器の上）に当てる」とあるように、明らかに、エネルギーのセンターが、性的エネルギーを意味していることが分かる。チャクラが、「心の車輪＝欲望の住む森」と表されたように、性欲は、子孫を残すためと人間の強い欲望を象徴していて、この、言わば動物的エネルギーを目覚めさせ、それからサハスラーラ・チャクラ（頭頂）へと昇華させる。踵を会陰部に当てるが、エネルギーのセンターは内部にあり、微弱な信号は十分伝わるので、強く圧する必要はない。なお、このシッダ・アーサナは、女性の場合は、シッダヨーニ・アーサナ（सिद्धयोनि आसन）という。次のパドマーサナとは、目的が明らかに異なるので注意する。

（原文23）

योनिस्थानकमङ्घ्रिमूलघटितं कृत्वा दृढं विन्यसेन्मेद्ध्रेपादमथैकमेव
ヨーニスターナカマングリムーラガティタム クリットヴァー ドゥリダン ヴィニャセーンメードゥレパーダ マタイカメーヴァ

हृदये कृत्वा हनुं सुस्थिरम् ।
フリダイェー クリトヴァー ハヌム ススティラム

स्थाणुः सन्यमितेन्द्रियोऽचलदृशा पश्येद् भुवोरन्तरं
スターヌフ サニャミテーンドゥリヨーチャラドゥリシャー パシュイエードゥ ブルヴォーランタラム

ह्येतन्मोक्षकपाटभेदजनकं सिद्धासनं प्रोच्यते ॥१-३५॥
ヒイェタンモークシャカパータベーダジャナカム シッダーサナム プローチャテ

（註）योनिस्थानकम् 会陰部に当て、(एकम्) अङ्घ्रिमूलम् 一方の（左足の）踵を、घटितं कृत्वा きっちりと付けて、दृढं 完全に、विन्यसेत् 降ろす、मेद्ध्रे 性器の上に、अथ そして、(एकमेव) पादम् もう一方の（右足の）踵を、हृदये कृत्वा 胸の方に引き

46

寄せて、हनुम् アゴを、सुस्थिरम् しっかりと、स्थाणुः 固定する、संयमितेन्द्रियः 感覚器官を対象から遮断して、अचलदृशा 動かず静かに、पश्येत् 凝視する、भ्रुवोः 眉 眉間を、अन्तरम् そのままの状態で、एतत् हि これがまさに、मोक्ष モークシャ、कपाट 扉、ドアを、भेदजनकम् 開かせる、सिद्धासनम् シッダダ・アーサナ प्रोच्यते 言われる、(प्र √वच्)

24. シッダアーサナだけは、84のアーサナの内、必ず行わなければならない。72,000本のナーディーを浄化するからである。（1-39）

シッダ・アーサナが、84のアーサナの中で、必ず行わなければならない理由は、23．（HP 1-35）で説明した通りである。この性的なエネルギーは活性化した後、主にスシュムナーを通って上昇しサハスラーラ・チャクラへと昇華するが、同時にプラーナの流れるナーディーも浄化しておかなければならない。

（原文24）
चतुरशीतिपीठेषु सिद्धमेव सदाभ्यसेत् ।
チャトゥラシーティピーテーシュ シッダメーヴァ サダービャセート
द्वासप्ततिसहस्राणां नाडीनां मलशोधनम् ॥१-३९॥
ドゥヴァーサプタティサハスラーナーム ナーディーナーム マラショーダナム

（註）चतुरशीति 84の、पीठेषु 体位、坐法の中で、सिद्धम् एव シッダ・アーサナだけは、सदा 必ず、अभ्यसेत् 実践すべき、द्वासप्ति सहस्राणां 72,000本の、नाडीनां ナーディーの、मलशोधनम् 汚れを浄化する、

25. 右の踵（かかと）を左腿の付け根に置き、左の踵を右腿の付け根に置く。背中で手をクロスさせ、それぞれ足の親指を（右手は右足の親指を、左手は左足の親指をというふうに）しっかり

と掴む。あごを胸の方にしっかり引きつけ、鼻先を凝視する。これが（心を克服した）ヨーギーによって、（完全なる）パドマ・アーサナ（पद्मासन）と呼ばれ、あらゆる病気を撲滅する。

（1－44）

　この詩句での坐の取り方は、「完全なるパドマ・アーサナ」（左図）と言われ、初心者には非常に難しい。ここへ到達するには、各アーサナに精通して、はじめてこの坐へと収斂させることが出来る。従って、背中で手をクロスさせ、それぞれの足の指を掴むことも、また、鼻先の凝視も行わずに、両脚を組む坐法の練習をするとよい。（右図）なお、この坐は、「蓮華坐」（カマラ・アーサナ कमलासन）と呼ばれることもある。また、パドマ・アーサナは、**23.**（HP 1-35）、**24.**（HP 1-39）のシッダ・アーサナとは大きな違いがある。パドマ・アーサナでは、会陰部（性器と肛門の中間）への刺激が一切なされないので、この坐法は、瞑想のためであることが分かる。したがって、瞑想のためシッダ・アーサナで坐をとる時には、踵を会陰部と恥骨から離しておく必要がある。「ヤミン（心を克服したヨーギー）によって、あらゆる病気を撲滅すると言われる」とこの詩句にあるように、ハタヨーガプラディーピカーでは、実証済なのだ。

(原文25)

वामोरूपरि दक्षिणं च चरणं संस्थाप्य वामं तथा ।
ヴァーモールーパリ ダクシナム チャ チャラナム サンスターピャ ヴァーマム タター

दक्षोरूपरि पश्चिमेन विधिना धृत्वा कराभ्यां दृढम् ।
ダクシノールーパリ パシュチメーナ ヴィディナー ドゥリトゥヴァー カラービャーム ドリダム

अङ्गुष्ठौ हृदये निधाय चिबुकं नासाग्रमालोकये -
アングシュタウ フリダイエー ニダーヤ チブカム ナーサーグラマーローカイエ

देतद्व्याधिविनाशकारि यमिनां पद्मासनं प्रोच्यते ॥१-४४॥
データドゥヴィヤーディヴィナーシャカリ ヤミナーム パドマーサナム プローチャテー

(註) वाम ऊरु 左の太腿の、उपरि 上の、चरण 付け根に、दक्षिणं 右の (踵を)、तथा वामं च दक्ष (ऊरु) उपरि さらに左の踵を右腿の付け根に、संस्थाप्य 置く、पश्चिमेन विधिना 背中で手をクロスさせ、कराभ्यां अङ्गुष्ठौ दृढम् धृत्वा それぞれ足の親指をしっかりと掴んで、हृदये निधाय 胸の方に引き寄せて、चिबुकं アゴを、नासाग्रम् आलोकयेत् 鼻先を凝視する、व्याधिविनाशकारि 病気を撲滅する、यमिनां 心を克服した（ヨーギーによって)、एतत् पद्मासनम् このパドマ・アーサナは、प्रोच्यते 言われる、

26. 足の裏を上向きにして、深く交差した両足を腿の上に置き、交差した足首の上で、両方の手のひらを上向きにして置く。アゴを胸の方にしっかり引きつけ、視線を鼻先に。静かにアパーナ・ヴァーユを引き上げ、舌の先を前歯の付け根に押し当てる。

(1-45〜46)

　この詩句からヴァーユと言う言葉が出てくるので、アーユルヴェーダ（आयुर्वेद ＝ आयुः वेद）の経典、チャラカサムヒタ（चरकसंहित）から紹介しておこう。

　　ヴァーユは、次の5気から成る。プラーナ、ウダーナ、サマーナ、ヴィヤーナ、アパーナ。これらは、たがいに邪魔することなく、身体のそれぞれ

第1部　ハタヨーガプラディーピカー入門

の場所で、調和して機能する。

（चरकसंहित）

प्राणोदानसमानाख्यव्यानापानै स पञ्चधा ।

プラーノーダーナサマーナーキャヴィヤーナーパーナイ サ パンチャダー

देहं तन्त्रयते सम्यक् स्थानेष्व्याहतश्चरन् ।

デーハム ナントラヤテー サムミャク スターネーシュヴァヴィヤーハタシュチャラン

（註）प्राण プラーナ、उदान ウダーナ、समान サマーナ、आख्य ～という名前で呼ぶ、व्यान ヴィヤーナ、अपान アパーナ、स ヴァーユは、पञ्चधा 5つから成る、देहं 身体を、तन्त्रयते 機能、सम्यक् うまく、स्थानेषु それぞれの場所で、व्याहतः たがいに邪魔せずに、चरन् 動く、

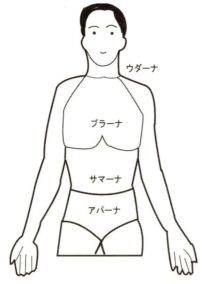

　左の頁の図は、ヴァーユのおおまかなエリアを表すものである。プラーナのエリアは、頭、胸、ノド、舌、口と鼻の辺りで、唾液、鼻汁、呼吸と消化にかかわっている。ウダーナは、ヘソ、胸、ノドの辺り、発声器官や気質などに関わる。サマーナは、汗腺など体液の通路、消化力に関わっている。ヴィヤーナは、身体全体に、アパーナは、生殖器、骨盤、排泄器官などに関わっている。この**プラーナ**（प्राण）という言葉は、いろいろな意味で使われる。ここで使われているパンチャダー（पञ्चधा）5気の中の一つとしての、**上昇する気（プラーナ）**の他に、**生命エネルギー**という意味で使われたり、**呼吸**

(Breathing)の意味にも使われるので注意してほしい。なお、「視線を鼻先に」は、シャームバヴィームドラー（शाम्भुवीमुद्रा）と言い、「舌の先を前歯の付け根に押し当てる」は、簡単なケーチャリームドラー（खेचरीमुद्रा）と考えてよい。

（原文26）

उत्तानौ चरणौ कृत्वा ऊरुसंस्थौ प्रयत्नतः ।
ウッターナウ チャラナウ クリトヴァー ウールサムスタウ プラヤットナタハ
ऊरुमध्ये तथोत्तनौ पाणी कृत्वा ततो दृशौ ॥१-४५॥
ウールマドエー タトーッタナウ パーニー クリトヴァー タトー ドゥリシャウ
नासाग्रे विन्यसेद्राजदन्तमूले तु जिह्वया ।
ナーサーグレー ヴィンニャセードラージャダンタムーレ トゥ ジフヴァヤー
उत्तम्य चिबुकं वक्षस्युत्थाप्य पवनं शनै ॥१-४६॥
ウッタムピャ チブカム ヴァクシャスユッターピャ パヴァナム シャナイヒ

（註）चरणौ उत्तानौ कृत्वा （足の裏を）上向きにした（両脚を）、प्रयत्नतः 注意深く曲げて（交差して）、ऊरुसंस्थौ 両腿に置き、तथा それから、चिबुकं वक्षसि アゴを胸に、उत्तम्य 付ける、ऊरुमध्ये 腿の上に、उत्तनौ पाणी कृत्वा 手のひらを上向きにして、पवनं शनैः アパーナ・ヴァーユを静かに、उत्थाप्य 引き上げる、ततः それから、दृशौ नासाग्रे 鼻先を見る、जिह्वया 舌先を、राजदन्तमूले 前歯の付け根に、तु まさに、विन्यसेत् 押し当てる、

２７．これがパドマ・アーサナと呼ばれ、あらゆる病気を撲滅する。凡庸な人には出来ないが、賢明な人だけが（努力の末）達成する。（１−４７）

「賢明な人だけが達成する」と言われるのは、ハタヨーガは、ラージャヨーガの準備として行われるので、長年にわたる、すべてのアーサナやプラーナーヤーマの実践が、このパドマ・アーサナ（蓮

華坐）として結実し、身体のどこにも緊張がなく快適な状態で坐れるほどに習熟すれば、という意味である。もともと、アーサナという言葉は、サンスクリット語の動詞語根アース（√आस् 坐る）から来ている。従って、アーサナは、自然に瞑想のための坐法へと導かれる。

（原文27）

इदं पद्मासनं प्रोक्तं सर्वव्याधिविनाशनम् ।
イダム パドマーサナム プロークタム サルヴィヤーディヴィナーシャナム
दुर्लभं येन केनापि धीमता लभ्यते भुवि ॥१-४७॥
ドゥルラバム イェーナ ケナーピ ディーマター ラビャテー ブヴィ

（註）इदं पद्मासनं प्रोक्तं これがパドマ・アーサナと呼ばれ、सर्व - व्याधिवि - नाशनम् すべての病気を撲滅する、दुर्लभम् 困難、येन केनापि 誰にとっても、धीमता 賢明な人、लभ्यते 達成する、भुवि この世の、

ハタヨーガは呼吸次第

28. 呼吸が不規則であれば、心も動く。呼吸が鎮まれば、心も動かない。呼吸が鎮まってこそ、ヨーギーは、心の安定を得る。

(2-2)

5．6．7．を参照。ハタヨーガの最も重要な点であって、ここに達しないと、決してラージャヨーガには行き着かない。

（原文28）

चले वाते चलं चित्तं निश्चले निश्चलं भवेत् ।
チャレー ヴァーテー チャラム チッタム ニシュチャレー ニシュチャラム バヴェート
योगी स्थाणुत्वमाप्नोति ततो वायुं निरोधयेत् ॥२-२॥
ヨーギー スターヌトヴァマープ ノーティ タトー ヴァーユム ニローダイェト

(註) वाते चले 呼吸が不規則ならば、चित्तं चलं 心も動く、निश्वले （呼吸が）鎮まれば、निश्वलं भवेत् （心も）動かない、ततो वायुं निरोधयेत् 呼吸が鎮まってこそ、योगी स्थाणुत्वम् आप्नोति ヨーギーは、心の安定を得る、

29. 身体に呼吸が伴っている限り生命があると言われ、呼吸が身体から離れると、それは死である。従って、ここに呼吸の鎮まる意味がある。（2-3）

　マハルシは、死の定義を「心が呼吸を一緒に連れていくこと」と言った。夜睡眠の状態が近づき熟睡すれば、呼吸は完全に鎮まる。つまり心が消滅し、真の自己との結合、つまり、ヨーガの状態が起こる。しかし、呼吸は止まっていない。わたしたちは、生きている、生命がある。これこそ、まさに、イーシュワラの恩恵であり、呼吸の鎮まる意味がある。眠りと熟眠、そのヨーガの状態は、呼吸が鎮まらなければ起こらない。第2部の「ヨーガスートラ入門」6.（YS 1-34）で詳しく説明するので、このことをよく記憶しておいてほしい。

(原文 29)
यावद्वायुः स्थितो देहे तावज्जीवनमुच्यते।
ヤーヴァドヴァーユフ スティトー デーヘー ターヴァッジーヴァナムチャテー
मरणं तस्य निष्क्रान्तिस्ततो वायुं निरोधयेत् ॥२-३॥
マラナム タスヤ ニシュクラーンティスタトー ヴァーユム ニローデェート

(註) यावत् ～である限り、देहे वायुः स्थितः 身体に呼吸が連れ添っている、तावत् その限り、जीवनम् 生きている、生命がある、उच्यते 言われる、मरणं 死、तस्य निष्क्रान्तिः 呼吸が連れて行かれると、ततो वायुं निरोधयेत् 従って、呼吸が鎮まることが必要である、

プラーナーヤーマ

30. パドマ・アーサナの体位で、イダー（左の鼻孔）より息を入れ、各自、無理のない状態でしばらく保持し、ピンガラ（右の鼻孔）より息を出す。（2−7）

31. 次に、ピンガラ（右の鼻孔）より息を入れ、ゆっくりと下腹部へと満たし、しばらく保持し、イダー（左の鼻孔）より完全に息を出す。（2−8）

32. イダー（左の鼻孔）より息を入れた時は、保息後、反対（右の鼻孔）から息を出す。ピンガラ（右の鼻孔）より息を入れた時は、保持後、左の鼻孔より息を出す。このように、左と右の鼻孔より調気を不断に行えば、3ヶ月以内にナーディーは浄化される。（2−10）

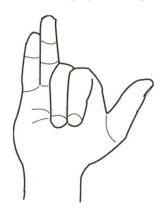

プラーナーヤーマの実践は、前詩句とは異なり、あくまで身体に関する浄化である。左右の鼻、背骨を貫く管のスシュムナー、そして全身のナーディをいかに生命エネルギーのプラーナが流れるかに関わることである。プラーナーヤーマは、左右の鼻から息の出し入れを行う。右手はヴィシュヌ・ムドラー（人差し指と中指を内に曲げる）の形をとる。

（左の図を参照）

30.（HP 2-7）まず、親指を右鼻の凹みに当て、左鼻から息を入れたら、薬指・小指で左鼻も同じように、凹みに当て、保息する。その後、親指を離して右鼻から息を出す。

31.（HP 2-8）今度は、そのまま右鼻から息を入れ、親指で閉じてしばらく保息後、薬指・小指を離して左鼻から息を出す。

32.（HP 2-9）このようにして、イダー（左の鼻孔）より息を入

れた時は、保息後、反対（右の鼻孔）から息を出す。ピンガラ（右の鼻孔）より息を入れた時は、保持後、左の鼻孔より息を出す。この場合の保息は、意識的に息を止めるのでサヒタ・クムバカ（सहितकुम्भक）と言われる。

（原文30）
बद्धपद्मासनो योगी प्राणं चन्द्रेण पूरयेत् ।
バッダパドマーサノー ヨーギー プラーナム チャンドレーナ プーライェト
धारयित्वा यथाशक्ति भूयः सूर्येण रेचयेत् ॥२-७॥
ダーライトヴァー ヤターシャクティ ブーヤハ スールエーナ レチャイェタ

(註) बद्धपद्मासनः パドマ・アーサナの体位で、योगी ヨーギーは、प्राणं चन्द्रेण पूरयेत् 息を月の気道（イダー、左の鼻孔）から入れて満たす、धारयित्वा 保息して、यथाशक्ति （各自）無理のない状態で、भूयः 再び、सूर्येण रेचयेत् 太陽の気道（ピンガラ、右の鼻孔）から出す、

（原文31）
प्राणं सूर्येण चाकृष्य पूरयेदुदरं शनैः ।
プラーナム スールイエナ チャークリシュヤ プーライエドゥダラム シャナイヒ
विधिवत्कुम्भकं कृत्वा पुनश्चन्द्रेण रेचयेत् ॥२-८॥
ヴィディヴァツクムバカム クリトヴァー プナシュチャンドレーナ レーチェト

(註) प्राणं 息を、सूर्येण आकृष्य 太陽の気道（ピンガラ、右の鼻孔）から入れ、उदरं पूरयेत् 下腹部（から胸）へと満たす、शनैः 静かに、विधिवत् （前に述べた）手順通り、कुम्भकं कृत्वा 息を保持して、पुनः चन्द्रेण रेचयेत् 再び、月の気道（イダー、左の鼻孔）から出す、

55

(原文 32)

प्राणं चेदिडया पिबेन्नियमितं भूयोऽन्यया रेच्येत् ।
プラーナム チェーディダヤー ピベーンニヤミタム ブーヨーニヤヤー レーチェト

पीत्वा पिङ्गलया समीरणमथो बद्ध्वा त्यजेद्वामया ।
ピートヴァー ピンガラヤー サミーラナマトー バッドヴァー トヤジェードヴァーマヤー

सूर्याचन्द्रमसोरनेन विधिनाऽभ्यासं सदा तन्वतां
スーリヤーチャンドラマソーラネーナ ヴィディナービャーサム サダー タンヴァター

शुद्धा नाडिगणा भवन्ति यमिनां मासत्रयादूर्ध्वतः ॥२-१०॥
シュッダー ナーディガナー バヴァンティ ヤミナーム マーサトラヤードゥールドヴァタハ

(註) चेत् प्राणं इडया पिबेत् もし、イダー (左の鼻孔) より息を入れると、नियमितं 保息して、भूयः 再び、अन्यया रेच्येत् 反対側 (ピンガラ、右の鼻孔) から息を出す、पिङ्गलया समीरणं पीत्वा ピンガラ (右の鼻孔) から息を入れた場合は、अथ बद्ध्वा 保息後、वामया त्यजेत् 反対側 (左の鼻孔) から出す、सूर्याचन्द्रमसः 左と右の鼻孔より、अनेन विधिना このように、交互に、सदा अभ्यासं तन्वतां 不断に調気を行えば、यमिनां 心を克服した (ヨーギーによって)、नाडिगणा शुद्धाः भवन्ति ナーディーは浄化される、मासत्रयात् ऊर्ध्वतः 3ヶ月以内に、

浄化法

33. 6つの浄化法とは、ダウティ、バスティ、ネーティ、トラータカ、ナウリ、そして、カパーラバーティである。

(2−22)

　ダウティ (धौति) とは、胃の洗浄を目的としたもので、布を呑み込み取り出す。バスティ (बस्ति) は、腸の洗浄を目的とする浄化法であるが、この2つは、あまり一般的ではない。トラータカ (त्राटक) は、風のない所でローソクの炎など心を鎮めて凝視する。あるいは、顔を中央に据えたまま、目玉を左・右、上・下、斜め上・下へと動

かす運動をする。ネーティ（नेति）は、鼻の洗浄を目的として、柔らかい布を一方の鼻から差し込み、それを口から出す。この方法も一般的でないので、通常行うのは、次句のジャラ・ネーティ（जलनेति）である。ナウリ（नौलि）は、腹直筋を立て、右から左へと回転させる。そして、カパーラバーティ（कपालभाति）は、かじ屋の使うふいごのように素早く両鼻、又は、片鼻ずつ交代呼吸を行う浄化法である。

（原文33）
धौतिर्बस्तिस्तथा नेतिस्त्राटकं नौलिकं तथा ।
ダウティルバススタター ネーティストラータカム ナウリカム タター
कपालभातिश्चैतानि षट्कर्माणि प्रचक्षते ॥२-२२॥
カパーラバーティシュチャイターニ シャタカルマーニ プラクシャテー

（註）धौति ダウティ、बस्ति バスティ、तथा そして、नेति ネーティ、त्राटकं トラータカ、नौलिकं ナウリ、कपालभातिः カパーラバーティ、एतानि षट्कर्माणि これら6つの浄化法、प्रचक्षते 〜と言う、

34．約6インチの長さの非常に柔らかい布を一方の鼻から差し込み、それを口から出す。これがシッダによってネーティと呼ばれる。
（2-29）

この方法によるネーティには、通常行う浄化法としては、少し無理があるので、毎朝、起きると同時に洗面所で行うのは、ジャラ・ネーティである。これは、コップに入れた水、または、ぬるま湯に若干の食塩を加え、よくかき混ぜて両鼻から入れ、すぐに口から出す。耳に水が入らないよう注意するとともに、終わった後は、少し前傾の姿勢でナウリをして完全に水を出しきっておく。指導者の指導の下で行う。浄化呼吸法のカパーラバーティの前に必ず行う。

(原文34)
सूत्रं वितस्ति सुस्निग्धं नासानाले प्रवेशयेत् ।
スートラム ヴィタスティ ススニグダム ナーサーナーレ プラヴェーシャイェト
मुखान्निर्गमयेच्चैषा नेतिः सिद्धैर्निगद्यते ॥२-२९॥
ムッカーンニルガマイィエッチャイシャー テーティヒ シッダイルニガドゥヤテー

(註) सूत्रं 帯状の布、वितस्ति 約6インチの長さの、सुस्निग्धं 非常に柔らかい、नासानाले 鼻の通路へ、प्रवेशयेत् 差し込む、中を通す、मुखान् 口へ、निर्गमयेत् 出す、एषा これが、नेतिः ネーティ、सिद्धैः シッダによって、निगद्यते 〜と言われる、

　　　　　　　　　　ナウリ

35. 少し前屈みの姿勢で、下腹部をへっこめ、腹直筋を右から左へと渦巻きの流れのように、ゆっくり回転させる。これが、シッダによってナウリと呼ばれるものである。（2−33）

（中央のナウリ）

（右から左へと回転する）

　ナウリは、最初、腹直筋を立てる練習をして、これがうまくゆくようになれば、腹直筋を左右に持っていく練習をする。ポイントは、恥骨である。ここから上へと腹直筋が立つように練習する。入浴の際に、バスタブで左右から腹直筋を両手で中央に寄せ、腹直筋がどのように動くのか確かめるとよい。浮力があるので確かめやすい。

腹直筋の回転は、右から左へゆっくりと行う。

(原文35)
अमन्दावर्तवेगेन तुन्दं सव्यापसव्यतः ।
アマンダーヴァルタヴェーゲーナ トゥンダム サヴィヤーパサヴィヤタハ
नतांसो भ्रामयेदेषा नौलिः सिद्धैः प्रचक्ष्यते ॥२-३३॥
ナターンソー ブラーマイェデーシャー ナウリヒ シッダイヒ プラクシャテー

(註) नतांसः 身体を前傾して、अमन्दावर्तवेगेन 渦巻きの流れのようなスピードで、(अमन्द - आवर्त - वेगेन) 、तुन्दं 下腹部(の腹直筋)を、सव्य - अपसव्यतः 右から左へ、と、भ्रामयेत् 回転させる、एषा これが、नौलिः ナウリ、सिद्धैः シッダによって、प्रचक्ष्यते ～と呼ばれる、

３６．ナウリは、ハタヨーガで最も重要なものであり、弱っている食欲と胃の消化力を高め、（身体を）快適にし、体質の不調和を取り除き、あらゆる病気を治す。（２－３４）

ナウリは、コツを掴めば難しいものではないが、その前に、後述４１．～４４．のウディヤーナバンダが十分に出来ることが求められるので、このバンダをまず練習する。

(原文36)
मन्दाग्निसन्दीपनपाचनादिसन्धापिकानन्दकरी सदैव ।
マンダーグニサンディーパナパーチャナーディサンダーピカーナンダカリー サダイヴァ
अशेषदोषामयशोषणी च हठक्रियामौलिरियं च नौलिः ॥२-३४॥
アショーシャドーシャーマヤショーシャニー チャ ハタクリヤーマウリリヤム チャ ナウリヒ

(註) मन्दाग्नि - सन्दीपन 弱った食欲、消化機能を高める、पाचनादि 消化力など、सन्धापिका 治す、(सं√धा)、आनन्दकरी 快適さ、सदैव 常に、अशेषदोष - अमय -

शोषणी 体質の不調和を取り除く、हठक्रिया - मौलिः ハタヨーガの中で最も重要な、इयं नौलिः これがナウリ（である）、

カパーラバーティ

37. 鍛冶屋の「ふいご」のように、レーチャカ（出息）とプーラカ（入息）を交互に、すばやく行う呼吸法がカパーラバーティである。粘液性の疾患を治す。（2-35）

　熟達した指導者の下、シッダアーサナで行う。このカパーラバーティは、両鼻からの出し入れを５０回〜１００回、次に３２．（HP 2-10）でも説明したように、右手をヴィシュヌームドラーにして、右鼻を塞いでおいて、左鼻からだけの出し入れを10回、今度は左鼻を塞いでおいて、右鼻からだけの出し入れを１０回というふうに、片鼻ずつ交代に各５〜１０ラウンドという具合に行う。

（原文37）
भस्त्रावल्लोहकारस्य रेचपूरौ ससंभ्रमौ ।
バストラーヴァッローハカーラスヤ レーチャプーラウ ササムブラマウ
कपालभातिर्विख्याता कफदोषविशोषणी ॥२-३५॥
カパーラバーティルヴィッキャーター カパドーシャヴィショーシャニー

　（註）लोहकारस्य भस्त्रावत् 鍛冶屋のふいごのように（すばやく）、ससंभ्रमौ（＝सव्यापसव्यतः）両鼻で、そして右鼻だけ、左鼻についても、 रेचपूरौ 吐く息と入れる息、कपालभाति カパーラバーティ、विख्याता 呼ばれる、 कफ - दोष - विशोषणी 粘液性の病気を治す、

背骨とバンダトラヤ

38. 踵で会陰部を圧して、肛門を引き締めアパーナを上昇させる。これが、ムーラ・バンダと呼ばれる。(3-61)

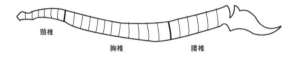

背骨は、頸椎は7個、胸椎は12個、腰椎は5個の骨から成っているが、太線で示した頸椎、胸椎、腰椎の区切りを、アーサナの時に意識することが大切である。そのため、直立した場合の背骨(左図)、腹ばいになった時の背骨のイラスト(上図)を掲げる。例えば、コブラの体位、ブンジャンガーサナ (भुजगासन) を3段階に分けて行う場合、胸が床に付いたままの場合は、頸椎だけが反った形になる。次に、ヘソが付いたままだと、頸椎、胸椎が反る形となり、最後にヘソも離れた状態だと頸椎、胸椎、腰椎が反る形となる。こうして背骨全体が、しなやかに、フレキシブルになることが望ましい。また、この詩句のムーラバンダで肛門を引き締めると尾骨が動くのが感じられるはずである。以下、順に述べる2つのバンダ、ジャーランダラバンダとウディヤーナバンダと合わせてバンダトラヤという。

(原文38)

पार्ष्णिभागेन सम्पीड्य योनिमाकुञ्चयेदुदम् ।
パールシャニバーゲーナ サムピーダヤ ヨーニマークンチャイエードゥグダム
अपानमूर्ध्वमाकृष्य मूलबन्धोऽभिधीयते ॥३-६१॥

第1部　ハタヨーガプラディーピカー入門

アパーナムールドヴァマークリシュヤ　ムーラバンドービディーヤテー

(註) पार्ष्णिभागेन　सम्पीड्य　引き締める、योनिम्　(踵で) 会陰部を、आकुञ्चयेत्　圧して、गुदम्　肛門、अपानम्　ऊर्ध्वम्　आकृष्य　アパーナを引き上げる、मूलबन्धः　ムーラバンダ、अभिधीयते　～と呼ばれる、(अभि √धा)

39. アゴを胸にしっかり引きつけて、のどを引き締める。これがジャーランダラ・バンダで、老・死を破壊する。(3-70)
40. ナーディー群の中から流れ下る甘露（脳内のソーマ）の穴をふさぐことから、ジャーランダラ・バンダと呼ばれ、ノドの病気を壊滅する。(3-71)
41. 喉を引きつけるジャーランダラ・バンダを確実に行えば、甘露は火の中（胃）に落ち込まず、プラーナも誤った方向には行かない。(3-72)

　このジャーランダラバンダは、ナーディーのネットワークを引き締め、口蓋の奥の穴から流れ来る甘露をせき止めるので、こう言われる。喉の疾患を壊滅する。脳内のソーマ（甘露）が胃の中に落ち込まないように、ノドで受け止める。後述のケーチャリー・ムドラーも同様。プラーナの流れも誤った方向へ行かない。後述のサルヴァンガアーサナ、ハラアーサナで、ジャーランダラ・バンダの感覚をよく掴むことが必要である。

(原文39)
कण्ठमाकुञ्च्य हृदये स्थापयेच्चिबुकं दृढम् ।
カンタマークンチャ　フリダイエー　スターパイェッチブカム　ドゥリダム
बन्धो जालन्धराख्योऽयं जरामृत्युविनाशकः ॥3-70॥
バンドー　ジャーランダラーキョーヤム　ジャラームリトゥユヴィナーシャカハ

(註) कण्ठं आकुञ्च्य 喉を引き締める、हृदये 胸に、चिबुकं दृढं स्थापयेत् アゴをしっかり引きつけて、जालन्धर ジャーランダラ、आख्यः （～という）名前の、बन्धः バンダ、अयं これが、जरा 老化、मृत्युः 死、विनाशकः 破壊する、

(原文40)
बध्नाति हि शिराजालमधोगामिनभोजलम् ।
バダナーティ ヒ シラージャーラマドーガーミナボージャラム
ततो जालन्धरो बन्धः कण्ठदुःखौघनाशनः ॥३-७१॥
タトー ジャーランダロー バンダハ カンタドゥッカウガナーシャナハ

(註) बध्नाति 塞ぐ、止める、हि まさに、शिराजालं ナーディーのネットワーク、अधोगामि 流れ下る、नभोजलम् 空からの甘露、脳内のソーマ、ततः 故に、जालन्धरः बन्धः ジャーランダラ・バンダ、कण्ठदुःख - ओघ - नाशनः 喉の不調、病気の壊滅者、

(原文41)
जालन्धरे कृते बन्धे कण्ठसङ्कोचलक्षणे ।
ジャーランダレー クリテー バンデー カンタサンコーチャラクシャネー
न पीयूषं पतत्यग्नौ च वायुः प्रकुप्यति ॥३-७२॥
ナ ピーユーシャム パタツヤグノー チャ ヴァーユフ プラクピャティ

(註) जालन्धरे कृते बन्धे ジャーランダラ・バンダを行えば、कण्ठसङ्कोचलक्षणे 指示通りにノドを圧して、पीयूषं ジュース、甘露、न पतत्यग्नौ 落ち込まない、च そして、वायुः प्रकुप्यति プラーナも誤った方向へは行かない、(प्र√कुप्)

42．臍の下から背骨へと圧するように、腹部をへっこめて、上部へと引き上げる。これが、ウディヤーナ・バンダで、死神の象を蹴散らすライオンのようなものである。（3－57）

43．臍の上と下の腹部に力を入れてへっこめ引き上げる。このウディヤーナバンダを6ヶ月間実践すれば、死に打ち勝つ。

第1部　ハタヨーガプラディーピカー入門

(3-59)
44. あらゆるバンダの中で、ウディヤーナバンダほど優れたものはない。このバンダに習熟すれば、何事にも縛られない状況が自然に生まれる。(3-60)

まず、次頁の図を参考に、胸郭の構造をおおまかに理解しておこう。ウディヤーナバンダは、恥骨から背骨へと押しつけるようにして内蔵を上へと引き上げると、胸郭は左右に拡がる。このウディヤーナバンダは、ナウリの前に十分練習しておかなければならない。

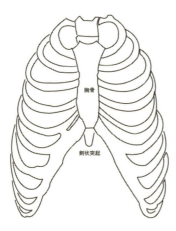

胸郭が十分拡がった状態のイラストを下に掲げる。剣状突起の左右の胸郭が拡がって、腹直筋も意識出来るようになるので、35. のナウリの前にこのウディヤーナバンダを練習する。ウディヤーナバンダがうまくできるようになると、補助的に両手で胸郭を拡げる練習も出来るが、必ず熟達した指導者の指導の下で行う必要がある。

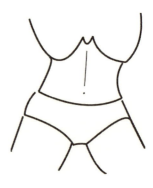

(原文 42)

उदरे पश्चिमं नानं नाभेरूर्ध्वं च कारयेत् ।
ウダレー パシュチマム ナーナム ナーベールールドゥヴァ チャ カーライエト
उड्डीयानो ह्यसौ बन्धो मृत्युमातङ्गकेसरी ॥३-५७॥
ウッディヤーノー ヒャサウ バンドー ムリトユマータンガケーサリー

(註) उदरे 下腹部の、नाभेः ऊर्ध्व पश्चिमं नानं कारयेत् 臍の下から上部へと引き上げる、असौ हि उड्डीयानः बन्धः これがウディヤーナ・バンダである、मृत्यु 死、मातङ्ग 象、केसरी (=सिंह) ライオン、

(原文 43)

नाभेरूर्ध्वमधश्चापि तानं कुर्यात्प्रयत्नतः ।
ナーベールールドゥヴェマダシュチャーピ ターナム クルヤートプラヤットナタハ
षण्मासमभ्यसेन्मृत्युं जयत्येव न संशयः ॥३-५९॥
シャンマーサマビヤセーンムリトユム ジャヤトエーヴァ ナ サンシャヤハ

(註) नाभेः ऊर्ध्वम् अधः च अपि ヘソを上と下に、प्रयत्नतः तानं कुर्यात् 力を入れてへっこめ、षट् मासं 6ヶ月間、अभ्यसेत् 実践すると、मृत्युं जयति 死に打ち勝つ、एव न संशयः 疑いなし、

(原文 44)

सर्वेषामेव बन्धानामुत्तमो ह्युड्डियानकः ।
サルヴェーシャーメヴァ バンダーナームッタモー ヒュッディヤーナカハ
उड्डियाने दृढे बन्धे मुक्तिः स्वाभाविकी भवेत् ॥३-६०॥
ウッディヤーネー ドゥリデー バンデー ムクティヒ スワバーヴィキー バヴェート

(註) सर्वेषाम् एव बन्धानाम् すべてのバンダの中で、उत्तमः हि 最高、उड्डियानकः ウディヤーナバンダ、उड्डियाने दृढे बन्धे ウディヤーナバンダに習熟すれば、मुक्तिः 何事

にも縛られない状態、स्वाभाविकी भवेत् 自然にやって来る、

アパーナとプラーナ

45.（肛門を締めながら）アパーナを引き上げてから、プラーナを喉から下の方向へと押し下げる。そうすれば、ヨーギーは、老化から解放され、16歳の若者になる。（2-47）

4.の「パンチャ・ヴァーユ」の図を参照してほしい。この5気のうち、アパーナは、本来下降しようとするし、プラーナは、上昇しようとする傾向にある。従って、この詩句では、このムーラバンダで、この逆を試みることを述べている。

（原文45）
अपानमूर्ध्वमुत्थाप्य प्राणं कण्ठादधो नयेत् ।
アパーナムールドヴァムッターピヤ カンターダドー ナイェート
योगी जराविमुक्तः सन् षोडशाब्दवयो भवेत् ॥२-४७॥
ヨーギー ジャラーヴィムクタハ サン ショーダシャーブダヴァヨー バヴェート

（註）अपानं アパーナを、ऊर्ध्व उत्थाप्य 上へ引き上げる、प्राणं कण्ठात् नयेत् プラーナを喉から下へ押し下げる、योगी ヨーギーは、जरा विमुक्तः सन् 老化から解放され、षोडश - आब्द - वयः 16歳の若者、

46. プラーナーヤーマ（調気）は、レーチャカ（呼気）、プーラカ（吸気）、クムバカ（保息）の3つの部分から成る。さらに、クムバカは、サヒタとケーヴァラの2つから成る。（2-71）

プラーナーヤーマは、呼吸に先導されて行うアーサナとは別に行う調気法である。必ず、習熟した指導者について行わなければなら

ない。素人判断で行うと危険を伴う。特に、サヒタクムバカ、ケーヴァラクムバカについて、その違いの理解を深めることが大切である。（30.～32. 参照）

(原文46)
प्राणायामस्त्रिधा प्रोक्तो रेचपूरककुम्भकैः ।
プラーナーヤマストリダー プロークトー レーチャプーラカクムバカイヒ
सहितः केवलश्चेति कुम्भको द्विविधो मतः ॥२-७१॥
サヒタハ ケーヴァラシュチェーティ クムバコー ドウビヴィドー マタハ

(註) प्राणायामः プラーナーヤマには、त्रिधा ３つから成る、रेच・पूरक・कुम्भकैः レーチャカ（呼気）、プーラカ（吸気）、クムバカ（保息）、प्रोक्तः ～と言われる、सहितः サヒタ、इति ～と、केवलः ケーヴァラ、च そして、कुम्भकः クムバカには、द्विविधः ２つから成る、मतः ～と考えられる、

ラヤ状態とラージャヨーガ

４７．何かから解放されるとかされないとか、そんなことには無関係に、常に喜びの状態がある。このラヤから湧き起こる喜びこそラージャヨーガによって得られるのだ。（４－７８）

息子が大学に合格したとか、娘が結婚したとか、なにか理由があっての喜びは通常の幸福感である。しかし、特別な理由がないのに、常に湧き起こるような喜びの状態はラヤと言われ、それは、至高の愛（परमप्रेम्ण）と同じであって、これこそがまさにヨーガという意味である。それは、心が消滅した状態、つまり、ラージャヨーガによって得られる。

(原文47)
अस्तु वा मास्तु वा मुक्तिरत्रैवाखण्डितं सुखम् ।

アストゥ ヴァー マーストゥ ヴァー ムクティラトライヴァーカンディ イダム スッカム
लयोद्भवमिदं सौख्यं राजयोगादवाप्यते ॥४-७८॥
ラヨードバヴァミダム サウキャム ラージャヨーガーダヴァーピャテー

(註) मुक्तिः अस्तु व 解放されるとか、मा अस्तु वा 解放されないとか、अत्र एव अखण्डितं सुखम् そんなことに関係なく常に喜びがある、लय - उद्भवम् ラヤから湧き起こる、राजयोगात् ラージャヨーガから、इदं सौख्यं この喜びこそ、अवाप्यते 得られる、

48. プラーナが、スシュムナーの中を流れ、心がブラフマに吸収されると、もはや、私という行為者はいなくなる。（4−12）

　「心がブラフマに吸収される」とは心が霧散して消滅するという意味で、ここに科学としてのハタヨーガの究極の目的がある。「私・エゴ」（アハムカーラ अहंकार）の消滅であり、ヨーガの状態が訪れる。私という行為者のいなくなった状態は、サンスクリット語でナイシュカルミャ（नैष्कर्म्यः actionlessness）と言われる。アートマギャーナ（आत्मज्ञान self-knowledge）と同じである。

（原文 48）
सुषुम्नावाहिनि प्राणे शून्ये विशति मानसे ।
スシュムナーヴァヒニ プラーネー シュンイエー ヴィサティ マーナセー
तदा सर्वाणि कर्माणि निर्मूलयति योगवित् ॥४-१२॥
タダー サルヴァーニ カルマーニ ニルムーラヤティ ヨーガヴィト

(註) प्राणे सुषुम्नावाहिनि मानसे शून्ये विशति プラーナが、スシュムナーの中を流れ、心が（ブラフマに）吸収されると、(वाहिन् 流れさせること、Loc. √विश् 吸収される、) तदा すると、सर्वाणि कर्माणि すべての行為、निर्मूलयति 根こそぎなくなる、योगवित् (＝ कर्मवित्) 瞑想する者、

ケーヴァラクムバカ

49. ケーヴァラ・クムバカ(呼吸をしなくてもいい状態)が自然に訪れないならば、サヒタ・クムバカの実践を続けるべきである。そうすれば、やがてレーチャカ、プーラカに関係なく、心の動かない平和な状態が自然にやってくる。（2-72）

　サヒタクムバカとは、プラーナーヤーマ（調気法）で、息を入れた後、自分の意志で息を止め、無理のない範囲でしばらく保息をする。ところが、ケーヴァラ・クムバカとは、自然に息が止まる状態が訪れることで、入息・出息時に必ず起こる。その時、心の動かない状態は自然に訪れている。夜熟眠の出来る人は、ケーバラクムバカが訪れている何よりの証拠である。

（原文49）
यावत् केवलसिद्धिः स्यात् सहितं तावदभ्यसेत् ।
ヤーヴァト ケーヴァラシッディヒ スヤート サヒタム ターヴァダビヤセート
रेचकं पूरकं मुक्त्वा सुखं यद्वयुधारणम् ॥२-७२॥
レーチャカム プーラカム ムクトヴァー スカム ヤドヴァユダーラナム

(註) यावत्　～するまで、केवलसिद्धिः स्यात् ケーヴァラ・クムバカが訪れる、तावत् それまで、सहितं अभ्यसेत् サヒタ・クムバカの実践をすべき、यत् सुखं वायुधारणम् 呼吸をしなくてもいい平和な状態、रेचकं पूरकं मुक्त्वा レーチャカ、プーラカから解放されて、関係なく、

50. クムバカの状態が訪れたら、心をあらゆる対象から引き離すことが出来る。ここまで、実践が進めば、ラージャ・ヨーガの段階に達したと言えよう。（2-77）

自然に息が止まる状態が訪れることと、ラージャヨーガとは同じであり、ケーヴァラクムバカが起これば、ラージャヨーガの段階に達した証である。その時、想念はゼロ（No thought.）、心もゼロ（No mind.）である。それは、サット・チット・アーナンダ（सत्-चित्-आनन्द）と同じ状態である。（８７頁参照）

（原文50）
कुम्भकप्राणरोधान्ते कुर्याच्चित्तं निराश्रयम् ।
クムバカプラーナローダーンテ クルヤーッチッタム ニラーシュラヤム
एवमभ्यासयोगेन राजयोगपदं व्रजेत् ॥२-७७॥
エーヴァマビャーサヨーゲーナ サージャヨーガパダム ヴラジェート

（註）कुम्भक प्राणरोधान्ते クムバカの状態（呼吸しなくてもいい状態）が訪れたら、चित्त निराश्रयम् कुर्यात् 心を対象から引き離す、एवम् すると、अभ्यासयोगेन（ヨーガの）実践が進んで、राजयोगपदं ラージャヨーガの段階に、व्रजेत् 達した、（√व्रज् 到達する、）

ケーチャリームドラー

５１．ムドラーは、グルからグルへと伝統的に伝えられてきた。この目に見える姿をした真のグルこそイーシュワラである。

　　　　　　　　　　　　　　　　　　　　（３−１２８）

　こうして、ハタヨーガを学べるのはグルのおかげであり、シュリ・アディナータ（シヴァ神）への感謝を忘れてはならない。グルからグルへ、つまり、グルパラムパラと辿っていくとその源にイーシュワラの存在がある。自然界を見れば、このようなことは多く見られる。例えば、鳥が雛を育て、やがて巣立ちさせる。一体、誰がそれを教えたのだろうか。神への献身なくしてヨーガはない。

(原文 51)
उपदेशं हि मुद्राणां यो दत्ते साम्प्रदायिकम् ।
ウパデーシャ ヒ ムドラーナーム ダッテー サームプラダーイカム
स एव श्री गुरुः स्वामी साक्षादीश्वर एव सः ॥३-१२८॥
サ エーヴァ シュリー グルフ スワーミー サークシャーディーシュワラ エーヴァ サハ

(註) उपदेशं दत्ते 伝えられてきた、हि まさに、मुद्राणां ムドラーの、यः 〜であるところの、साम्प्रदायिकम् 伝統に基盤を置く、स एव 彼こそ、साक्षात् 目に見える、श्री गुरुः स्वामी ईश्वरः シュリー・グル・スワミー・イーシュワラ、

52. 舌を反らせて頭蓋の洞窟へと近づけ両眼を眉間に据える。これが、ケーチャリー・ムドラーである。（3-32）

まず、右の図を見て、舌、硬口蓋、軟口蓋、咽頭の位置をしっかりと理解しておこう。そして、以下の詩句で、ケーチャリームドラーの意味とは何かをよく理解するようにしてほしい。ケーチャリームドラーは、必ずハタヨーガの熟達者の指導の下で行わなければならない。

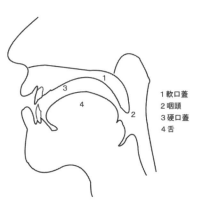

1 軟口蓋
2 咽頭
3 硬口蓋
4 舌

(原文 52)
कपालकुहरे जिह्वा प्रविष्टा विपरीतगा ।
カパーラクハレー ジフヴァー プラヴィシュター ヴィパリータガー

भुवोरन्तर्गता दृष्टिर्मुद्रा भवति खेचरी ॥३-३२॥
ブルヴォーランタルガター ドゥリシュティルムドラー バヴァティ ケーチャリー
  (註) जिह्वा विपरीतगा 舌を反らせて、कपालकुहरे प्रविष्टा 頭蓋の洞窟へ入れる、भुवः 眉間、अन्तर्गता 間、दृष्टिः 見る、खेचरी मुद्रा भवति ケーチャリー・ムドラーである、

53. もし、舌が軟口蓋の上方の洞窟の端に絶えず触れているなら、甘露が分泌され、塩辛く、苦みがあり、酸っぱい、ミルクのような、ギーに似たハチミツのような味がする。そうなれば、苦しみを取り除き、老化や死をもたらすことはなくなり、敵から逃れ、8つから成る神のようなシッディが顕れる。

(3-50)

前頁の図を見てほしい。ここでは、ケーチャリームドラーの意味が述べられている。まず、最初の段階では、舌を前歯の付け根にしっかり当てるところから始める。次に、少し舌を奥に丸めるようにして軟口蓋へと当てる。このムドラーは、必ず熟達者の指導の下で行うようにする。

(原文53)
चुम्बन्ती यदि लम्बिकाग्रमनिशं जिह्वारसस्यन्दिनी ।
チュムバンティー ヤディ ラムビカーグラマニシャム ジフヴァーラサスヤンディニー
सक्षारा कटुकाम्लदुग्धसदृशी मध्वाज्यतुल्या तथा ।
サクシャーラー カトゥカームラドゥグダサドリシー マドゥヴァージャトゥルヤー タター
व्याधीनां हरणं जरान्ताकरणं शस्त्रागमोदीरणं,
ヴィヤーディーナーム ハラナム ジャラーンターカラナム シャストラーガモーディーラナム
तस्य स्यादमरत्वमष्टगुणितं सिद्धाङ्गनाकर्षणम् ॥३-५०॥
タスヤ シャーダマラトヴァマシュタグニタム シッダーンガナーカルシャナム

(註) चुम्बन्ति 触れている、यदि もしも、लम्बिकाग्रं 軟口蓋の上方に、जिह्वा 舌、रस - स्यन्दिनी 味・唾液、क्षारा ひりっとする、कटुक 辛い、अम्ल 酸っぱい、दुग्ध - सदृशी ミルクのような、मधु ハチミツ、आज्य バター、तुल्या のような、तस्य व्याधीनां हरणं 苦しみを取り除く、जरा 老化、अन्ताकरण 死をもたらす、शस्त्रागमः उदीरणं 敵から逃れる、अष्टगुणितं अमरत्वं सिद्धाङ्गनाकर्षणम् स्यात् 8つから成る神のようなシッディーを引き寄せる、

54. メール山（スシュムナー）の頂上に、甘露を貯めている泉の洞窟がある。賢者は、そこにアートマ（真理）があると言う。その月から、流れてくる甘露を止める手立てがないから人々の死がある。（そのために、ケーチャリームドラーがあり）それをしなければ、シッディーは成功しない。（3−52）

スシュムナーの頂上は、ブラフマランドラ（ब्रह्मरन्ध्र）と呼ばれ、そこに甘露を貯めている泉があるとされる。詩句からは、その甘露が胃に落ち込まないような手立てが考えられていることが分かる。

(原文54)
यत्प्रालेयं प्रहितसुषिरं मेरुमूर्धान्तरस्थं
ヤットプラーレーヤム プラヒタスシラム メールムールダンタラスタム
तस्मिंस्तत्त्वं प्रवदति सुधीस्तन्मुखं निम्नगानाम् ।
タスミンスタットヴァム プラヴァダティ スディースタンムッカム ニムナガーナーム
चन्द्रात्सारः स्रवति वपुषस्तेन मृत्युर्नराणां
チャンドラーツサーラハ ストラヴァティ ヴァプシャステーナ ムリトユルナラーナーム
तद्बध्नीयात् सुकरणमतो नान्यथा कार्यसिद्धिः ॥३-५२॥
タドバダニーヤート スカラナマトー ナーンニャター カールヤシッディヒ

(註) मेरु - मूर्धातः - अग्रं メール山（背骨、スシュムナー）の頂上に、यत् 〜であるところの、प्रालेयं प्रहित 山のある、सुषिरं 洞窟、तस्मिन् तत्त्वं その中に

73

第1部　ハタヨーガプラディーピカー入門

真理がある、प्रवदति 言う、सुधीः 賢者は、तत् निम्रगानाम् मुखम् その源の泉、चन्द्रात् 月から、वपुषः सारः 素晴らしい甘露、स्रवति 流れてくる、√सु)、तेन 従って、नराणां मृत्युः 人々の死、तत् बध्रीयात् सुकरणम् それを止める手立て、अन्यथा कार्यसिद्धिः न それをしなければ、成功はない、

55. サマーディーが訪れるまでケーチャリームドラーを実践すべきである。熟眠のようなサマーディを得れば、もはや時（死）は存在しない。（4-49）

ケーチャリームドラーの必要性が説かれる。

（原文55）

अभ्यसेत् खेचरीं तावद्यावत्स्याद्योगनिद्रितः ।

アビャセート　ケーチャリーム　ターヴァドゥヤーヴァツスヤードゥヨーガニドゥリタハ

सम्प्राप्तयोगनिद्रस्य कालो नास्ति कदाचन ॥४-४९॥

サムプラープタヨーガニドゥラスヤ　カーロー　ナースティ　カダーチャナ

（註）यावत् योगनिद्रितः स्यात् 熟眠のような状態が訪れるまで、तावत् खेचरीं अभ्यसेत् ケーチャリー・ムドラーを実践すべき、सम्प्राप्त - योगनिद्रस्य 熟眠のような状態が得られた時には、कालः कदाचनः न अस्ति もはや、時間（死）は存在しない、

ヴィパリータカラニー

56. 臍が上に、口蓋が下になる姿勢は、日が上で、月は下に来る。これがヴィパリータカラニーである。（実践は）グルの伝承によらねばならない。（3-79）

ヴィパリータカラニーは、ムドラーであって、アーサナではない。サルヴァンガアーサナから、ヴィパリータカラニーへと移行し、ハ

第1部　ハタヨーガプラディーピカー入門

ラ・アーサナで終わるようにする。左の図が、サルヴァンガ・アーサナ、右の図がヴィパリータカラニーである。

日とは臍、月とは口蓋を意味し、前詩句と関連する。月はビンドゥのみならず意識の流れであり、日はマニプーラ・チャクラ、プラーナ、身体と関連する。すべての流れは、無理なく頭部へと流れる。

(原文56)
ऊर्ध्व नाभिरधस्तालोरूर्ध्व भानुरधः शशी ।
ウールドゥヴァム　ナービラダスターロールードゥヴァム　バーヌラダハ　シャシー
करणी विपरीताख्या गुरुवाक्येन लभ्यते ॥३-७९॥
カラニー　ヴィパリーターキャー　グルヴァーキェーナ　ラビャテー

(註) नाभिः ऊर्ध्व तालुः अधः ヘソが上に口蓋が下に、भानुः ऊर्ध्व शशी 太陽が上に月が下に、विपरीताकरणी ヴィパリータカラニー、आख्या 〜と言われる、गुरुवाक्येन 口伝によって、लभ्यते 得られる、

第1部　ハタヨーガプラディーピカー入門

ラージャ・ヨーガの達成

57. 起きていながら、ほとんど呼吸もせず、まるで熟眠しているような人、彼こそまさにムクタの状態である。（4-112）

　ハタヨーガを通じてラージャ・ヨーガを達成した状態の人を描写している。これは、まさに『ヨーガスートラ』のYS1-2で述べられた状態である。（89頁参照）

（原文57）
स्वस्थो जाग्रदवस्थायां सुषुप्तवद्योऽवतिष्ठते ।
スワストー　ジャーグラダヴァスターヤーム　スプタヴァドヨーヴァ　アティシュタテー
निःश्वासोच्छ्वासहीनश्च निश्चितं मुक्त एव सः ॥४-११२॥
ニヒシュヴァーソーッチャヴァーサヒーナシュチャ　ニシュチタム　ムクタ　エーヴァ　サハ

　　（註）स्वस्थः　真の自己に留まった、जाग्रत्　起きている、अवस्थायां　~の状態の、सुषुप्तः　熟眠、अवतिष्ठते　~の状態の、निःश्वास - उच्छ्वासहीनः च　入息・出息もしていない、呼吸していない、सः एव　彼こそ、निश्चितं मुक्तः　まさにムクタの、

58. 心が動かなくなると、プラーナも動かなくなり、ピンドゥ（精液）も温存され不動となる。そうなると、身体は強健、かつ健康となる。（4-28）

　ハタヨーガは、5.6.7.で述べた通り呼吸と心の連動関係に始まり、それで終わる。この理解の下に行わなければ、すべては無駄となる。

（原文58）
मनः स्थैर्ये स्थिरो वायुस्ततो बिन्दुः स्थिरो भवेत् ।

第1部　ハタヨーガプラディーピカー入門

マナハ スタルイェー スティロー ヴァーユスタトー ビンドゥフ スティロー バヴェート
बिन्दुस्थैर्यात् सदा सत्त्वं पिण्डस्थैर्य प्रजायते ॥४-२८॥
イントゥスタイルヤート サダー サットヴァム ピンダスタイルヤム プラジャーヤテー

(註) मनः स्थैर्ये 心が静かになると、वायुः स्थिरः　プラーナも動かなくなる、ततो बिन्दुः स्थिरः भवेत् ビンドゥ（精液）も温存され不動となる、बिन्दुः स्थैर्यात् ビンドゥ（精液）が不動となると、सदा 常に、सत्त्वं サットヴァな状態、पिण्ड - स्थैर्य 身体も強健で不動、प्रजायते 生まれる、(प्र√जन्)

59. 呼吸が一時止まったようになり、心が動かなくなったヨーギーに、全く動きのない不変のラヤ状態が生まれる。（4-31）

　ラヤ（लयः）状態とは、dissolution（溶けあった状態、心が消滅した状態）のことであり、熟眠と同じ状態、これこそがヨーガ、真の自己との結合した状態、ラージャヨーガである。

(原文59)
प्रणष्टश्वासनिश्वासः प्रध्वस्तविषयग्रहः ।
プラナシュタシュヴァーサニシュヴァーサハ プラドゥヴァスタヴィシャヤグラハハ
निश्चेष्टो निर्विकारश्च लयो जयति योगिनाम् ॥४-३१॥
ニシュチェーシュト ニルヴィカーラシュチャ ラヨー ジャヤティ ヨーギーナーム

(註) प्रणष्ट 一時的に保留されると、श्वास - निश्वासः 入息・出息、呼吸、प्रध्वस्त 消滅、विषय - ग्रहः 感覚器官が対象を捉まえる、निश्चेष्टः 不動、निर्विकारः 不変、योगिनाम् लयः ヨーギーにラヤの状態が、जयति 生まれる、

60. プラーナが、スシュムナーに流入せず、ブラフマランドラに吸収されない限り、また、呼吸が鎮まって、ビンドゥが不動とならない限り、また、ディヤーナにおいて、心が真の自己と一体

とならない限り、何を説こうが、偽りの戯言に過ぎない。
(4-114)

　プラーナが、スシュムナーに流入してブラフマランドラに吸収され、呼吸が鎮まり、ビンドゥが不動となり、真の自己と結合した状態がヨーガの意味であることが、ここで結論づけられてる。

(原文60)
यावत्रैव प्रविशति चरन्मारुतो मध्यमार्गे,
ヤーヴァンナイヴァ プラヴィシャティ チャランマールトー マディヤマールゲー
यावद्बिन्दुर्न भवति दृढःप्राणवातप्रबन्धात् ।
ヤーヴァッディンツドゥルナ バヴァティ ドゥリダハプラーナヴァータプラバンダート
यावद्ध्याने सहजसदृशं जायते नैव तत्त्वम्,
ヤーヴァッドディヤーネー サハジャサドゥリシャム ジャーヤテー ナイヴァ タットヴァム
तावज्ज्ञानं वदति तदिदं दम्भमिथ्याप्रलापः ॥४-११४॥
ターヴァッジギャーナム ヴァダティ タディダム ダムバ ミッティヤープララーパハ

　(註) यावत् त्रैव ～しない限り、मध्यमार्गे 中央の通路、スシュムナー、मारुतः चरन् プラーナが流入する、प्राणवात - प्रबन्धात् (プラーナが)ブラフマランドラに、प्रविशति 入る、(प्र.√विश)、बिन्दुः दृढः न भवति ビンドゥ (精液) が (呼吸の静止に伴って)不動となる、ध्याने ディヤーナにおいて、यावत् तत्त्वं सहज - सदृशं नैव जायते 心が真の自己と一体となることが生まれない限り、ज्ञानं वदति 真理を説こうが、तावत् तत् इदं दम्भ - मिथ्या प्रलापः それは偽りの戯言に過ぎない

参考文献：

1. *The Hatha Yoga Pradipika*：Pancham Sinh
2. हठप्रदीपिका *(Sanskrit/Hindi)*：स्वात्माराम / स्वामी दिगम्बर
3. *Hatha Yoga Pradipika*：Swami Muktibodhananda
4. *Hatha Yoga Pradipika*：Swami Vishnu Devananda
5. हठयोगप्रदीपिका *(Sanskrit)*：ज्योत्स्ना ब्रह्मनन्द
6. 佐保田鶴治『ヨーガ根本教典』
7. 小田嶋悟郎『図説人体の構造』
8. 三木成夫『胎児の世界』
9. Nine Month Miracle　A.D.A.M.（CD-ROM）
10. चरकसंहिता　Vol.2

あとがき

　「まえがき」でもふれた通り、２０１１年制作のドイツ映画「聖なる呼吸」(The breath of the gods) は、本年２０１６年に日本で公開され、幼少期より長年にわたって訓練されたクリシュナマチャルヤやアイエンガーのフレキシブルなアーサナを見ることができた。しかし、これらの動画を見て決して真似をしてはならない。日本人とインド人では、風土や食べ物、身体の仕組みなどが異なるので、特に、捻りを伴ったアーサナやシールシャ・アーサナは、筋肉や頸椎・背骨に損傷を与える危険性があるので十分注意する必要がある。

　今日のようなハタヨーガの原点を創ったともいえるクリシュナマチャルヤは、サンスクリット大学の教授でもあり、１９９９年７月にアーシュラムを訪れた際に購入した、योगाञ्जलिसारम् の詩集を見てもラージャヨーガを達成した人物であることがうかがえる。また、同じく欧米にハタヨーガを紹介した彼の弟子のアイエンガーも、サンスクリット語には長けていたので、有名な Light on Yoga や Light on Prāṇāyāma の著書の他に、『ヨーガスートラ』のサンスクリットからの注釈＆解説の翻訳が各ドイツ語・フランス語・英語版として欧米では出版されている。この解説を読めば、彼がヨーガを達成した人物であることは容易に分かる。

　このように、映画からは伝わってこないラージャヨーガに関する事柄への理解を第２部の「ヨーガスートラ入門」で深めてほしい。

第2部

ヨーガスートラ入門

(योगसुत्रम्)

何故ヨーガの学習を始めるのか

1．さて、ヨーガの学習を始めよう。（1-1）

अथ योगानुशासनम्।(9-9) アタ ヨーガーヌ シャーサナム.
（註）अथ さて、योग ヨーガ、 अनुशासनम् 学習、修練、

詩句の最初は、アタ（अथ「さて」）で始まり、イティ（इति「以上で」）で終わるのが一般的である。しかし、開始ではなく、それまでに何かがあって継続の場合の「さて」もあるので、何故「さて」なのか。「さて」の前に、何かがあなたに起こって、ヨーガという言葉に出会ったのではないか。何もなかった、何も起こらなかったのならば、どうしてヨーガなのか、考えてみる必要がある。長い人生の間には、突然の病気や予期せぬ出来事が起こりうる。その場合、最大の出来事は、親しい人との突然の別れであったりする。それは起こってみないと、また、起こった人でないと到底理解出来ないことである。そのような現実に直面した時に、あなたはヨーガという言葉に出会ったのではないか。従って、この「さて」という前には、長い何かがあったはずである。その時、すべての人が熟眠時に体験する至福の状態とは異なった、この世で体験する別の体験がある。そうでなければ、あなたは、常に至福の状態、つまりヨーガの状態に「在る」ので、ヨーガという言葉を知らなくてすむはずである。また、画家ポール・ゴーギャンでなくとも、人生のある段階で、彼と同じように次の3つの大きな問いが生じるのはごく自然である。

D'où Venons Nous	われわれはどこから来たのか
Que Somme Nous	われわれは何者か
Où Allons Nous	われわれはどこへ行くのか

この時、ヨーガという言葉を知れば、そうでない状態（ヴィヨーガ）が、われわれの世界だったと初めて気がつくはずである。だから、ここでヨーガの学習・修練を始めることになる。だから、「さて」なのである。このアタ（अथ「さて」）は、詩句の開始と同時に、ヨーガという言葉の学習の開始の合図でもあるのだ。

ハタヨーガのアーサナ

2. （身体が）安定していて、（調和がとれて）快適な状態にあるのがアーサナである。（2-46）

स्थिर-सुखम् आसनम्। (२-४६) スティラ スッカム アーサナム.
(註) स्थिर 安定、सुखम् 快適な、आसनम् アーサナ、坐

この詩句は、佐保田鶴治先生が、**ヨーガの体操**として紹介されたハタヨーガにおけるアーサナについて述べた詩句である。易しいアーサナから次第に難易度の高いアーサナに移っていっても、常に楽な呼吸と身体が安定し、調和がとれて快適でなければ、もはやアーサナではない。このことは、『ハタヨーガプラディーピカー』でスシュムナー、ナーディーの中をプラーナ（生命エネルギー）がスムースに流れること、呼吸と心の関係として説明された。それと同時に、佐保田先生は、この詩句を次のように訳されている。

「坐り方は、安定した、快適なものでなければならない。」
(解説「ヨーガスートラ」110頁)

もともと、アーサナは、サンスクリット語・動詞語根アース（√आस्，坐る）から派生したものであるが、「坐法」と訳されたのには理由がある。つまり、瞑想のため、身体のどこにも緊張がなく快適に坐わ

るためには、『ハタヨーガプラディーピカー』に出てきたパドマアーサナやシッダアーサナという坐が、八千四百万とも言われるアーサナに熟達し集大成としてこの坐法へと収斂するのである。

3．安定し快適な状態は、リラックスし永遠なるものへの調和によって得られる。(2-47)

प्रयत्न - शैथिल्य - अनन्त - समापत्तिभ्याम्। (२-४७)
プラヤットナ シャティルヤ アナンタ サマーパッティビヤーム．

(註) प्रयत्न 努力、शैथिल्य リラックスした、अनन्त 終わりのないもの、永遠なるもの、समापत्तिभ्याम् 調和によって、

　ハタヨーガのアーサナの載った写真集などを見るとまるでアクロバットのようなポーズに出会う。しかし、ハタヨーガはスポーツではない。8千4百万、或いは、生物の数だけあると言われるアーサナに次々とチャレンジすること（後掲93頁の八肢ヨーガの図の右矢印「する」方向）や、特定のアーサナをし過ぎたりしてはならない。また、危険度の高いアーサナ、特に、シールシャ・アーサナ（頭で立つ体位）は行うべきではない。ヨーガのポーズとして写真集などにも掲載されやすいが、首、頸椎、目に異常のある人のみならず、高齢者には危険度が高い。頸椎に異常が起きたり、眼底出血を起こしたり、高齢者が行って転倒し、老後を車椅子で過ごさなければならないことが起きている。前詩句と関連して、あくまで、身体はリラックスした状態で、安定し、快適でないと、もはやアーサナではない。それは、永遠なるものへの調和であって、エゴ（私が行っているという意識）が出たり格好をつけて人に見せるものではない。難易度の高いアーサナも快適でないものは決して行うべきではない。アーサナを学んで行く段階で、各自の快適なポスチュアを見つけるべきである。

プラーナーヤーマ

4. アーサナが整ったところで、出る息、入る息を止めたりしてコントロールする、これがプラーナーヤーマである。(2-49)
5. プラーナーヤーマには、(外へ)吐く息、(中へ)吸う息、保持する息があり、部位、時間、回数など、その長さや微細さなど様々であることが分かる。(2-50)

तस्मिन् सति श्वास-प्रश्वासयोः गति-विच्छेदः प्राणायामः। (2-४९)
タスミン サティ シュヴァーサ プラシュワーサヨーホ ガティ ヴィッチェーダハ プラーナーヤーマハ.

(註) तस्मिन् सति このようにして、श्वास 息、प्रश्वासयोः 息を吐く、गति 手順、विच्छेदः 止める、प्राणायामः プラーナーヤーマ、

बाह्याभ्यन्तर-स्तम्भ-वृत्ति-देश-काल-संख्याभिःपरिदृष्टो दीर्घ-सूक्ष्मः। (2-५०)
バーヒャービヤンタラ スタムバ ヴリッティ デーシャ カーラ サンキャービヒ パリドゥリシュトー ディールガ スークシュマハ.

(註) बाह्य 外へ、अभ्यन्तर 中へ、स्तम्भ 保持する、止める、वृत्ति 変動する、देश 場所、部位、काल 時間、संख्याभिः (回数の) 測定、परिदृष्टो 見られる、～であることが分かる、दीर्घ 長い、सूक्ष्मः 微細

プラーナ・アーヤーマ (調気) に入る前に、まず鼻の浄化から始める。つまり、6つの浄化法の内、ジャラ・ネーティー (नेति 鼻を洗う) を最初に行う。ナウリ (नौलि、または नौरिक) を行って、鼻に残った水をすべて出し切り、続いて浄化呼吸法のカパーラバーティ (कपालभाती) を行う。カパーラバーティは、両鼻で、50～100回、片鼻ずつ交代に10回ずつ、各々5～10ラウンドくらいを目安にする。プラーナ・アーヤーマは、ハタヨーガでも、かなり高度な行法なので必ず経験豊富な指導者について行わないといけない。特に、5. の詩句で述べられている保持する息、サヒタ・クムバカについては、指導者の指示に従って行うことが大切である。

心と呼吸の関係

6. 息を吐いたり保持したりしても、心は静かになる。(1-34)

प्रच्छर्दन-विधारणाभ्यां वा प्राणस्य। (१-३४)

プラッチャルダナ ヴィダーラナービヤーム ヴァー プラナスヤ.

(註) प्रच्छर्दन 出息、विधारणाभ्यां (息を) 保持する、クムバカ、वा あるいは、

प्राणस्य 息の、

この詩句は、単なるプラーナーヤーマのことではない。もっと重要な意味が隠れている。そのことを、ブッダが実践方法として挙げている「アーナーパーナ・サティ (आनापानसति)」と中世の詩人カビール (कबीर) の詩から説明しよう。まず、「アーナーパーナ・サティ (आनापानसति)」からの訳文とそのパーリー語原文の一部を次に挙げる。

> *彼は、入息、出息を、ただ観察している。*
> *息が長く入っている時、彼は「私は、息が長く入っている」ことに気がついている。*
> *また、息が長く出ている時、彼は「私は、息が長く出ている」ことに気がついている。息が短く入っている時、彼は「私は、息が短く入っている」ことに気がついている。*
> *また、息が短く出ている時、彼は「私は、息が短く出ている」ことに気がついている。*
>
> *आनापानस्सतिसुत्त* (アーナーパーナ・サティ・スッタ)
>
> सो सतोव अस्ससति सतोव पस्ससति.
> दीघं वा अस्ससन्तो 'दीघं अस्ससामी' ति पजानाति,

> दीघं वा पस्ससन्तो 'दीघं पस्ससामी' ति पजानाति;
> रस्सं वा अस्ससन्तो 'रस्सं अस्ससामी' ति पजानाति,
> रस्सं वा पस्ससन्तो 'रस्सं पस्ससामी' ति पजानाति;

(註) सो 彼、सतो 観察して、व ただ、अस्ससति （彼は）入息する、पस्ससति（彼は）出息する、दीघं 長く、अस्ससामि （私は）入息する、इति このように、पजानाति 分かっている、वा あるいは、また、पस्ससामि （私は）出息する、रस्सं 短く、

アーナーパーナ・サティ（आन － अपान － सति）とは、アーナ（「入息」आन）・アパーナ（「出息」अपान）に、サティ（「意識を留めておく」सति）実践方法であるが、実は、最も重要な点は、訳文には隠れていて分からない。それは、入息、出息時のそれぞれに、ほんの僅か息が止まる所がある。ここに、意識を留めなければならない。ここは、ハタヨーガで言う自然に息が止まるケーヴァラ・クムバカである。同様に、ラジニーシは、その著 *The revolution* で、カビールの次の詩を紹介している。

Kabir says: " Student, tell me, what is God ? "
He is the breath inside the breath.

つまり、ここでも、入息、出息時のそれぞれに、ほんの僅か息が止まる所があり、その空白、ギャップに神がいるとカビールは言っているのだ。空白の部分、ケーヴァラ・クムバカは、思考が働かず、従って、言葉は発生しない、心が消滅した状態である。ここに意識が集中できるようになれば、心は必ず鎮まる。

以上のように、『ヨーガスートラ』では、アーサナやプラーナーヤーマなど行法についての説明は多くない。何故なら、パタンジャリは、ヨーガの8部門として八肢ヨーガを示したが、アーサナ、プラ

ーナーヤーマ、ダーラナ、ディヤーナ、サマーディまでは、すべて『ハタヨーガプラディーピカー』に書かれているからである。ハタヨーガによって、身体の健康が整い、やがてサンヤマとして総称されたダーラナ、ディヤーナ、サマーディの状態にまで達した人は、『ヨーガスートラ』へと橋渡しされ、第1章であらためてヨーガの意味を確認する。それが次の3つの詩句である。ヨーガの状態とは、ヨーガでない状態（ヴィヨーガ）とは何かをこの3つの詩句で理解するところから始まる。

ヨーガとは何か

7. ヨーガとは、心の動き（チッタ・ヴリッティ）が静止した状態のことである。（1-2）
8. その時は、人は真の自己に留まったままである。（1-3）
9. それ以外の場合は、人は心の動きのままにふるまう。（1-4）

योगः चित्त-वृत्ति-निरोधः। (१-२)　ヨーガハ チッタ ブリッティ ニローダハ．
　(註) योगः　ヨーガとは、चित्त チッタ、心、वृत्ति 動き回る、निरोधः 静止する、

तदा द्रष्टुः स्वरूपे अवस्थानम्। (१-३)　タダー ドラシュトウフ スワルーペー アヴァスターナム．
　(註) तदा その時、द्रष्टुः 観察者の、स्वरूपे 真の自己に、अवस्थानम् 留まる、

वृत्ति-सारूप्यम् इतरत्र। (१-४)　ヴリッティ サールーピヤム イタラットラ．
　(註) वृत्ति 動き回る、सारूप्यम् 心のままの姿、似た姿として、इतरत्र それ以外の場合は、

　ヨーガスートラは、この3つの詩句が理解出来れば、それがすべてである。アタ（अथ「さて」）で始まったヨーガスートラは、「さて」以前の状態がヨーガではなく、ヨーガからは離れたヴィヨーガの状

態であることのへ気づきから始まる。つまり、今までは、ヴィヨーガの世界から何もかもを見聞きし、心の動きのまま生きてきたのである。序説に掲げた図に、このスートラ、YS 1-2、YS 1-3、YS 1-4を入れてみたのが次の図である。この3つのスートラの意味を理解しよう。

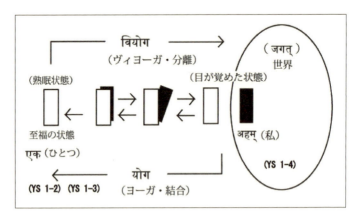

ここで、最初に理解しておくべきことは、図右側の楕円で示されたジャガット、いわゆる、「この世界」とは何か？ということである。それは、人間が想念によって構築したもので、今日では主に、宗教（キリスト教、イスラム教、ヒンズー教、仏教、ジャイナ教など）と国家（人による支配のシステム）、それとマネー（ドル、ユーロ、人民元、円などの貨幣）によって成り立っている。これらに実体はない。この楕円内（サンスクリット語では、イハ ジャガティ इह जगति と言う。依格で、in this world の意味）にいる限り、これらによって制約され、縛られているので、そこに自由はなく常に緊張と争い、苦しみが存在する。「私」は、この楕円内にいる。これを知ることが最も重要である。

一方、ヨーガの状態とは、左端の白い長方形であって、ラマナ・マハルシが「私とは誰か」で述べたように、達成するものではなく、生きとし生きるもの、万人に既に与えられた「至高の愛」である。

その至福の状態（सचिदानन्द）は毎晩熟眠時に体験できる。つまり、ヨーガとは、各人に存在している状態なのだ。しかし、「さて」の前の長い人生では、ジャガットとは何か、ヨーガとは何かに気がつかなかったのである。ここで、「ヨーガスートラ」冒頭の YS 1-2 と YS 1-3 の詩句を説明しよう。まず、

ヨーガとは、心の動き（チッタ・ヴリッティ）が静止した状態のことである。（1-2）
その時は、人は真の自己に留まったままである。（1-3）

つまり、心の動きが静止すれば、それがヨーガ、つまり「真の自己」と一体になっている状態がそこにある。つまり、あなたは、「至高の愛」と共にこの世に生を受けた。YS 1-4 は、

それ以外の場合は、人は心の動きのままにふるまう。（1-4）

　しかし、目が覚めて、心が動き出すと、偽りの自己の「私（アハム、अहम्）」が出現し、人は心の動きのままに振る舞う。私はこの世界を真実と思い込み（サッティヤトヴァ सत्यत्व）、この世界での主人公だと思って行動する（カルトゥリトヴァ कर्तृत्व）。いずれも、思い込み、想念である。「バガヴァッド・ギーター」の第 1 章「アルジュナ・ヴィシャーダ・ヨーガ（अर्जुनविषादयोग）」における戦闘の前のアルジュナの悩みも、われわれと同じであった。それは彼がクリシュナに諭される、言わば、われわれが「ヨーガスートラ」に出会う「さて」以前の状態と同じであったのである。従って、第 1 章は、「アルジュナの悩み・苦しみとヨーガ」のタイトルになっている。

私（1人称）はどのようにして現れるのか

10. 同じ対象でも、見る人の心によって異なって見える。
（4-15）

वस्तु - साम्ये चित्त - भेदात् - तयोः विभक्तः पन्थाः । (४-१५)

ヴァストゥ サームイェ チッタ ベーダーッ タヨーホ ヴィバクタハ パンターハ.

(註) वस्तु 対象、साम्ये 同一、चित्त 心、भेदात् 区別、तयोः 各々、विभक्तः 分ける、
पन्थाः 途

　私はどのようにして現れるのか。マハルシは、第1人称「私」の出現を「コーハム कोऽहम् （私とは誰か）」で次のように説明した。

　この身体の中から、「私」として顕れるものこそ、まさに、「心」です。私という想念が、この身体のどこから顕れるのかを調べると、ハート（心）から顕れることが分かります。まさに、心の生まれる場所です。「私が、私が」という考えが常に浮かぶのは、結局ここ（心の生ずる場所）が原点です。心の中に生まれてくるすべての想念の中で、「私」という想念が最初のものです。心に生じる最初の想念の後に、はじめて他のあらゆる想念が現れるのです。第一人称の「私」が現れた後にだけ、第二人称と第三人称が現れることが分かるでしょう。第一人称がなければ、第二人称も第三人称も存在することはありません。

　このように、目が覚めて第1人称の私が現れると、私＝心の動きが始まり、見る人の心によって同じ対象でも異なって見える。対象は、5つの感覚器官があるので、見えるだけでなく、どのように聞こえるか、どのように香るのか、どのような味なのか、どのような感触なのかなど、すべての人によって異なる。これが、90頁の図で示した黒の四角形「私」の作る世界なのだ。

第2部　ヨーガスートラ入門

ヨーガの8部門

11．ヨーガ八部門とは、1．ヤマ（社会に対する規律）、 2．ニヤマ（自分自身に対する規律）、3．アーサナ（ポスチュア）、4．プラーナーヤーマ（調気法）、5．プラティヤーハーラ（感覚を対象物から引き離すこと）、6．ダーラナー（心の集中）、7．ディヤーナ（瞑想）、8．サマーディー（真の自己への没入）。

(2-29)

यम-नियम-आसन-प्राणायाम-प्रत्याहार-धारणा-ध्यान-समाधयःअष्टौ-अंगानि। (२-२९)
ヤマ ニヤマ アーサナ プラーナヤマ プラッティヤーハーラ ダーラナ ディヤナ サマーダヤハ アシュタウ アンガーニ.

(註) यम 社会に対する規律、नियम 自分自身に対する規律、आसन アーサナ、प्राणायाम プラーナーヤーマ、प्रत्याहार 感覚を対象物から引き離すこと、धारणा 心の集中、ध्यान 瞑想、समाधयः 真の自己への没入、अष्टौ 8つ、अंगानि 肢、部門。

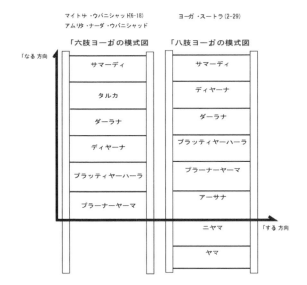

第2部　ヨーガスートラ入門

パタンジャリは、八肢ヨーガまたは、ヨーガの8部門（アシュタウ・アンガーニ）として上図のヤマ、ニヤマ、アーサナ、プラーナーヤーマ、プラティヤーハーラ、ダーラナ、ディヤーナ、サマーディを挙げた。しかし、最初の2つの「ヤマ」（社会に対する規律）と「ニヤマ（自分自身に対する規律）」を前提条件とすることには非常に大きな矛盾がある。むしろヤマ、ニヤマに変えて前提条件とするならば、ハタヨーガプラディーピカの次の詩句を参考にすべきである。

　ハタヨーガは、次の6つによって崩れる。過食、過労、お喋り、自己規律へのこだわり、人との交際、落ち着きのなさ。（HP　1-15）

　ハタヨーガは、次の6つによって成功する。熱心さ、勇敢さ、不屈の精神、真理を知ること、探求心、人とのムダな交際の廃止。
　　　　　　　　　　　　　　　　　　　　　　　　　（HP　1-16）

12．ヤマ（社会に対する規律）とは、(1) アヒンサー（非暴力）、(2) サットヤ（真実性）、(3) アステーヤ（不偸盗）、(4) ブラフマチャルヤ（ブラフマンに準じた生活をする）、(5) アパリグラハ（非所有）。(2-30)

अहिंसा-सत्यास्तेय-ब्रह्मचर्यापरिग्रहा यमाः। (२-३०)
アヒンサー　サットヤーステーヤ　ブラフマチャルヤーパリグラハー　ヤマーハ.
　（註）अहिंसा　非暴力、सत्य　真実性、誠実、अस्तेय　不偸盗、ब्रह्मचर्य　克己、
　　　　節制、अपरिग्रह　非所有、यमाः　社会に対する規律、

上掲図の左側のように、マイトリー・ウパニシャッドでは、8肢ではなく6肢となっていたが、パタンジャリはブッダと同時代の人で、そのヨーガの体系を構築するに当たり仏教思想の「戒」の影

響を受けていたふしがあって、上図右のようにヤマ、ニヤマをその前提条件として挿入したように思われる。しかし、この詩句に挙げられたアヒンサー（非暴力）、(2) サッティヤ（真実性）、(3) アステーヤ（不偸盗）、(4) ブラフマチャルヤ（ブラフマンに準じた生活をする）、(5) アパリグラハ（非所有）などを人が遵守出来れば、ハタヨーガの実践は不要になってしまう。これらは、「ヨーガとは何か」の理解に伴って自然に備わるものである。もちろん、このスートラに挙げられている項目に反対するものは皆無であるが、そうしなければアーサナ以降がうまくいかないというふうに解釈して自制をすると、逆に精神的に大きな障害が起こる。真面目で敬虔な人ほど心配である。したがって、本来なら９３頁の図、右の一番上の位置にくるべきものである。

１３．ニヤマ（自分自身に対する規律）とはシャウチャ（清純さ）、サントーシャ（知足）、タパ、スヴァーディヤーヤ（真の自己を知る）、イーシュヴァラ・プラニダーナ（神への献身）である。（2-32）

शौच - संतोष - तपः - स्वाध्याय - ईश्वर -प्र णिधानानि नियमाः। (२-३२)

シャウチャ サントーシャ タパハ スワーディヤーヤ イーシュワラ プラニダーナーニ ニヤマーハ.

（註）शौच 清潔、संतोष 知足、तपः タパ、स्वाध्याय 自己を知ること、自己学習、ईश्वर प्रणिधानानि 神への献身、नियमाः 個人的戒律、

　このスートラも、ヤマと同様、前提条件ではない。シャウチャ（清純さ）、サントーシャ（知足）、タパ（忍耐力）、スヴァーディヤーヤ（真の自己を知る）、イーシュヴァラ・プラニダーナ（神への献身）は、実践の中で次第に気づく、または、そのような状態になっていくことであって、心（想念）でもって「〜であるべきである」と規律を設けるべきではない。

イーシュワラとは

14. （苦悩などに基づく）混乱、行為やその結果などによって、一切影響をうけない根源的存在（プルシャ・ヴィシェーシャ）がイーシュワラである。（1-24）

क्लेश - कर्म - विपाकाशयैः अपरामृष्टः पुरुष - विशेषः ईश्वरः।(१-२४)

クレーシャ カルマ ヴィパーカーシャヤイヒ アパラームリシュタハ プルシャ ヴィシェーシャハ イーシュワラハ.

（註）क्लेश 苦悩、कर्म 行為、विपाका 結果、आशयैः 蓄積、अपरामृष्टः 影響を受けない、पुरुष-विशेषः 根源的存在、ईश्वरः イーシュワラ、

　前詩句で「神への献身」という言葉が出てきたが、インドでの神は、いわゆる宗教で言うところの神とは大きく異なる。サンスクリット語では、プルシャ・ヴィシェーシャ（पुरुष-विशेषः）と、この句で表現されているが、これを邦訳することは非常に困難で、英語のindividual、これはラテン語起源で、辞書によればin（否定）＋dividu（分割できる）＋al（性質）、つまり「分割できない、一つの根源的存在」を表している。2014年に公開されたラージクマール・ヒラニ監督のインド映画PK（酔っぱらい）の中で、エイリアンのPKは、ある宗教の導師とTV局で対決する。この時、彼は「神は2つ（दो भगवान）」と言う。「私たちを創った神は1つだが、もう一つの神、あなた方の創った神は複数いる」と。

15. 彼の中に、比類なき全知の種子がある。（1-25）

तत्र निरतिशयं सर्वज्ञबीजम्।(१-२५)

タトラ ニラティシャヤム サルヴァギャビージャム.

（註）तत्र 彼の中に、निरतिशयं 比類のない、सर्वज्ञबीजम् 全知の種子、

前句に続いて、彼の中には（表に顕れずに隠れた）全知の種子が宿る。彼は、全知（ominiscient）、全能（ominipotent）、偏在する（ominipresent）存在と言われる。

１６．時間を超越している神は、師の中の最初の師である。

पूर्वेषाम् अपि गुरुः कालेन अनवच्छेदात् ।(१-२६)
プールヴェーシャン アピ グルフ カーレナ アナヴァッチェーダート.
（註）पूर्वेषाम्　最初の、अपि　さらに、गुरुः　グル、師、कालेन　時間によって、
　　अनवच्छेदात्　制限されない、途切れない、

「私」という第１人称が現れると、時間・空間という考えが生じる。それは、「何が起こって、まだ、何が起こっていないか」と考えるからである。そうすると、この不断の流れを断ち切って、過去・現在・未来という３つの時が出現する。しかし、本来、永遠の「今クシャナ क्षण」しかない。従って、神（＝グル）は、時間や空間を超えた永遠の存在である。そして、われわれの身近に存在していて突然現れる。グルは、正しい途を指し示してくれる人であって、決して、一緒に歩いてくれたり、その場所へ連れて行ってくれたりはしない。

１７．神を表す言葉は、（プラナヴァと呼ばれる）聖音オームである。
（1-27）

तस्य वाचकः प्रणवः ।(१-२७)
タスヤ ヴァーチャカハ プラナヴァハ.
（註）तस्य　その、वाचकः　言葉、表現、प्रणवः　聖音、プラナヴァ、オーム、

ブラフマは不変、不滅、目に見えない根源・存在なので、偏在していても分からないし気がつかない。そのブラフマが名前と形を持

って顕れた時に、初めてその存在に気がつくことになる。それがこの宇宙である。スワミ・ヴィヴェーカナンダ（स्वामी विवेकनन्द）は、そのことを次のように説明している。

「ブラフマ（ヒランニャガルバ、または、マハット）は、言葉（名前）と共に、はじめて姿（この宇宙という目に見える形）を顕す。この顕れ出た宇宙には形があって、五感で捉え感じることが出来るが、背後には不滅の、言葉では表現できないスポータ（स्फोट）、つまり、言葉（ロゴス）となって顕れる潜在力が隠れている。この不滅のスポータは、すべて名付け（思考）にとって必須の永遠の根源的な力（パワー）である。ちょうど、宇宙が創造される時、ブラフマは、はじめスポータとなり、それから言葉を伴って、この目に見え感じ取ることの出来る宇宙を創造したのだ。このスポータは、一語から成るシンボル、つまりオーム（ॐ）で表される。われわれは、いかなる方法をもってしても、言葉と意味とを分離することは出来ない。つまり、オームと永遠のスポータを分けることは出来ない。従って、すべての言葉の中で、最も聖なる言葉なのだ。すべての名前と形の生みの母であり、不滅のオームであり、こうして、全宇宙は創造されたと言ってもよい。しかし、中には反論があるかもしれない。意味と言葉は、不可分であるが、ある考え（思い）を表すのに、いろいろな言葉があるのだから、この特別な言葉、オームの表象が宇宙だとしても、そこから宇宙という形が顕れたとは限らない。この異議に対しては、次のように答えよう。オームは、唯一すべての根源であって、他には存在しない。だから、スポータは、シャブダ・ブラフマンなのだ。」

　　　（ヴィヴェーカナンダ全集より「バクティ・ヨーガ」（筆者訳））

つまり、顕れる時にはブラフマはスポータ（स्फोट）の状態から、言葉と共に顕れる。このスポータは、一語よりなる不可分の聖音オームである。ヴィヴェーカナンダは、このように、ブラフマ（ब्रह्म）が、すべての名前と形の生みの母であることをこのように証明して見せた。スポータについては、**42.**（YS 3-17）で詳しく説明するが、

マドレーヌ・ビアルドーは、バルトリハリの言葉「シャブダブラフマ（शब्दब्रह्म）」(註) として紹介している。

(註) On dit souvent de Om qu'elle est Shabdabrahman.

クリヤヨーガ

18．タパ、自己学習、神への献身、これらをまとめてクリヤ・ヨーガ（実践のヨーガ）と言う。（2－1）

तपः - स्वाध्याय - ईश्वर - प्रणिधानानि क्रियायोगः। (२-१)

タパハ スワーディヤーヤ イーシュワラ プラニダーナーニ クリヤーヨーガハ.

(註) तपः タパ、स्वाध्याय 自己を知る、自己学習、ईश्वर - प्रणिधानानि 神への献身、क्रियायोगः クリヤーヨーガ、実践のヨーガ、

　ヨーガスートラ第2章は、サーダナパーダ（साधनपादः）で、どうすればヨーガの状態に気づくか、その実践のことが説明されている。「ヨーガとは、心の動き（チッタ・ヴリッティ）が静止した状態である。（YS1-2）」それは誰もが熟眠時に体験できると言った。では、何もせずに熟眠していればいいのか。それはそうではない。バガヴァッド・ギーターの詩句18-45 と 18-46 に述べられているように、われわれには、各人にふさわしい資質に応じた役柄（role）が割り振られている。

自分の資質に応じて、定められた仕事をすることによって、誰もが人生の目的を達成できる。それを、どのように達成するか、次の詩句を聞きなさい。

स्वे स्वे कर्मण्य् अभिरतः संसिद्धिं लभते नरः।
（スウェー スウェー カルマンニャ アビラタハ サンシッディン ラバテー ナラハ ）
स्वकर्मनिरतः सिद्धिं यथा विन्दति तच् छृणु ॥(१८-४५)

(スワカルマニラタハ　シッディム　ヤター　ヴィンダティ　タッチ　チュリヌ　)

すべての存在の根源であり、あらゆるところに顕在する彼を崇敬し、感謝の念を持てば、自らの資質に恵まれた仕事を通して、人生の目的を達成できる。

यतः प्रवृत्तिर्भूतानां येन सर्वमिदं ततम् ।
(ヤタハ　プラヴリッティル　ブーターナーン　イェーナ　サルヴァミダム　タタム)
स्वकर्मणा तमभ्यर्च्य सिद्धिं विन्दति मानवः ।। (१८-४६)
(スワカルマナー　タマビャルッチャ　シッディム　ヴィンダティ　マーナヴァハ　)

　その役柄を各自エゴなしに行わなければならない。日常の、目が覚めてからの、この世界において、いかに心静かに振る舞うか、それが「クリヤヨーガ（क्रियायोगः）」、或いは「実践のヨーガ」と言うことが出来る。ここではじめてヨーガ＝ハタヨーガではないことが理解出来よう。つまり、クリヤヨーガは、サンスクリット語の動詞語根 √कृ（〜をする）から派生した言葉で、クリヤー（क्रिया）とは「実践」を意味する。従って、その手段・方法（サーダナ）は、ハタヨーガ以外にもある。それが、ここに挙げられている自己学習、神への献身である。というよりも、ハタヨーガ、自己学習、神への献身などの実践を、まとめて「タパ」と言った方がよい。タパ（तप）は本来「熱」を意味するので、「禁欲」とか「苦行」と訳されることが多いが、「瞑想」という意味にも使われる、もっと幅広い意味を持つ言葉で、既に万人に与えられて存在する「至高の愛」に気づくための積極的な行動・実践すべてを表す。

神への献身

１９．神への献身によって、人はサマーディの状態に到達する。
（2-45）

समाधि - सिद्धिः ईश्वर -प्रणिधानात्। (२-४५)

サマーディ シッダハ イーシュワラ プラニダーナート.

(註) समाधि サマーディ、真の自己への没入、सिद्धिः 成就、ईश्वर-प्रणिधानात् 神への献身によって、

　神への献身、バクティ（भक्तिः）という言葉は、サンスクリット語の動詞語根 バジュ（√भज् 崇敬する、奉仕する）から来た言葉で、この言葉は「いつも身近に神を感じているか」ということである。つまり、私という肉体を持ったこの存在を誕生せしめたのは誰か？その根源の大きな力のことを忘れてはいないか、常に感じているか、ということであって、単に神の名を唱えたり、マントラを唱える行為ではない。スートラは、「心の動きの静止は、神への献身によっても達成できる。」となっているが、「～によっても」ではない。「～によって」である。何故なら、われわれの誕生と同時に与えられたものは、「真の自己」との結合した状態だからである。心の動きの静止、サマーディ、いずれもこのことを忘れるとその状態には決してならない。マハルシは、「コーハム」の中で、「神への献身者の中で、どんな人が最も優れていますか」という問いに、次のように答えている。

　自らを真の自己、つまり、イーシュワラ（Lord）に捧げる人こそ最も献身的な人です。真の自己への瞑想以外（アートマーと異なるもの）に、ほんの僅かの想念も生ずることなく、イーシュワラに自らを委ねる人を、その名前で呼びます。イーシュワラに、荷物をすべて預けて（全身をすべて捧げて）しまわねばなりませんが、彼は、それを運んでくれます。至高者であるイーシュワラの力（パワー）が、物事すべてを成し遂げてゆきます。従って、彼に荷物を預ける（全身を捧げる）ことをしないで、「このようにすべきか、あのようにすべきか」と何故いつも迷って考えているのでしょうか？列車は、すべての荷物を運んでくれるのを知っていますが、（列車に乗っても）荷物を降ろして席に座っ

て楽をしようとせずに、荷物を頭の上に載せて難儀して（列車内を）うろうろ動き回るのは何故なのでしょうか？

プルシャ

20. プルシャは不変であるから、（この主によって）心が常に変化するものであることが知られる。（4-18）

सदा ज्ञाताः चित्त - वृत्तयः तत् - प्रभोः पुरुषस्य अपरिणामित्वात् । (४-१८)

サダー ギャーターハ チッタ ヴリッタヤハ タット プラボーホ プルシャスヤ アパリナーミットヴァート.

（註）सदा 常に、 ज्ञाताः 知られる、 चित्तवृत्तयः 心の変化、 तत् その、 प्रभोः 主、पुरुषस्य プルシャの、 अपरिणामित्वात् 不変、

インドで神という表現は、一つの根源を意味している。それは、プルシャ (पुरुष) とか、ブラフマ (ब्रह्म) とか、パラマートマー (परमात्मा) とか言われていて、根源であるから何かから創られたものではなく変化しない存在である。一方、ムーラプラクリティ (मूलप्रकृति) から創られた私たち人間、その心は、目まぐるしく変化する想念の渦巻きであるが、この動かない不変の存在（神と呼んでもいいし、ブラフマでも、プルシャでも、パラマートマーでもよい）を知ることによって、逆に、動き回るものであることに気づくのである。従って、この神（１つの根源）を知ること、神への献身によってサマーディの状態に達することが出来る。

21. 自己学習により、望む神との結びつきが生まれる。（2-44）

स्वाध्यायाद् इष्ट-देवता-संप्रयोगः । (२-४४)

スワーディヤーヤード イシュタ デーヴァター サンプラヨーガハ.

(註) स्वाध्यायाद् 自己学習によって、इष्ट (√इष् 望む) 望み、देवता 神、संप्रयोगः 結びつき、

　自己学習（スワ・アディヤーヤ स्वाध्यायः）とは、「真の自己」を知ることである。カビールは、その詩**カストゥリー・クンダリ**（麝香鹿の臍・**कस्तूरी कुंडली**）(註) で「真の自己」を次のように表現した。ヒマラヤに住むという麝香鹿は麝香の香りに魅せられて、森中をさまようが、（見つけることができず）疲れ果ててしまう。やがてそれが自身の臍にあることに気が付く。

(註)（中世のヒンディー語で書かれている）

鹿は、麝香の香りに魅せられて森中を捜すが、見つからない。
麝香は、自分自身のヘソにある。同じように、ラーマ（神）はどこにでも遍在している。外の世界を探しても見つかるものではない。

कस्तूरी कुंडलि बसै, मृग ढूंढै बन मांहि। (カストゥーリー　クンダリ　バサイ　ムリグ　ドゥーンダイ　バン　マーンヒ)
ऐसै घटि घटि राम हैं, दुनियां देखै नांहि। (アイサイ　ガティ　ガティ　ラーム　ハイン　ドゥニヤーン　デーカイ　ナーヒ)

　望む神とは「真の自己」（至高の愛）のことで、あなたの誕生と共に既にそこにあった。だから、後は気がつけばいいだけである。「真の自己」と結びついた一人一人は、神と同じように individual（分割できない存在）であるので、気がつくレベルまで達すれば、神との結びつきが生まれる。

時　間

22．過ぎ去ったものも、これから生じるであろうものも、いま現在と同じように、常に存在している。この瞬間、瞬間の時の流れをこのように区別してしまうが、それは次々に変化する

ダルマの姿にすぎない。(4-12)

अतीतानागतं स्वरूपतोऽस्त्यध्वभेदाद्धर्माणाम् ।(४-१२)
アティーターナーガタム スワルーパ トーステ ィヤト ゥ ウヴ ァベ ーダ ーッダ ルマーナーム.

(註) अतीत 過去、 अनागतं 未来、स्वरूपत 真の姿、अध्व 通路、
भेदात् 分けること、区別、धर्माणाम् ダルマ、

同じ表現は、リグヴェーダにある。

既に起こったことも、これから起こるであろうことも、すべて
プルシャである。(10-90-2)

पुरुष एवेदं सर्वं यद्भूतं यच्च भव्यम् ।(१०-९०-२)
プルシャ エーヴ ェーダム サルヴ ァム ヤップ ータム ヤッチャ バ ヴ ィヤム

　私たちは、連続している時の流れを、何が起こって、まだ、何が起こっていないかと考えて、過去、現在、未来という3つの時に区分けをする。しかし、それは次々に変化するダルマの通り道、つまり姿であって、この瞬間、瞬間の連続を、本来、そのように区分することは不可能である。それが何に基づくのか、次の詩句を見てみよう。

グ　ナ

23. この（瞬間、瞬間に）顕れる姿・形は、微細な3つのグナの本性・働きによる。(4-13)

ते व्यक्तसूक्ष्मा गुणात्मानः ।(४-१३)
テー ヴ ィヤクタスークシュマー グ ナートマーナハ.

(註) व्यक्त 顕れ、 सूक्ष्मा 微細、 गुण グナ、 आत्मानः 本性、

２４．時間によるグナの変化は、対象にも変化をもたらすが、実在は変化しない。（４−１４）

परिणामैकत्वाद्वस्तुतत्त्वम् । (४-१४)

パリナーマイカトヴァード ヴァストゥタットヴァム．

(註) परिणाम 変化、 एकत्वात् 一つであること、 वस्तु 対象、 तत्त्वम् 実在、

　グナ（गुण）は、バガヴァッドギーター（14-5）などでも、何らかの性質、特性、属性として訳されていることが多いが、もし、サットヴァ、ラジャ、タマをそのように理解していると、これらの詩句の意味は分からない。グナは、本来数字の３で、高速の動きを意味する。従って、時間によるグナの変化が対象にも変化をもたらすのである。しかし、変化しない実在が、前句のプルシャであった。つまり、サットヴァは、過去に何かが起こって留まった状態（steadiness）、ラジャ（movement）は、現在活動している状態、タマ（inertia）は、将来まだ何かが起こるが停滞している状態に過ぎず、刻々と動き変化をする。この瞬間、瞬間に変化して顕れる姿・形は、微細な３つのグナの本性・働きなのだ。

心

２５．心は、自分自身を照らし出すことは不可能である。何故なら、心は（「見る者」ではなく）「見られるもの」だから。

（４−１９）

न तत्स्वाभासं दृश्यत्वात् । (४-१९)

ナ タッッスワーバーサム ドゥリシヤットヴァート．

(註) न 〜ではない、 तत् それ(心)、 स्वभासं 自らが灯明 दृश्यत्वात्

見られるもの、

26.（純粋意識である）アートマーは、不変で、いかなる動きもしない。その反射が、心に落ちかかると、初めて認識できる。
(4-22)

चितेरप्रतिसंक्रमायास्तदाकारापत्तौ स्वबुद्धिसंवेदनम् ।(४-२२)

チテーラプラティサムクラマーヤースタダーカーラーパッタウ スワブッディサムヴェーダナム.

(註) चितेः 純粋意識、 अतिसंक्रमायाः 不変、 आकार 外観、形、 आपत्तौ 起こる、स्वबुद्धि 自らの知性、संवेदनम् 認識、

27. 心は、見る者と見られるもの両方の色合いを帯びているので、あらゆるものを認識の対象にできる。(4-23)

द्रष्टृदृश्योपरक्तं चित्तं सर्वार्थम् ।(४-२३)

ドラシュトリドゥリシャヨーパラクタム チッタム サルヴァールタム.

(註) द्रष्टृ 見る者、 उपरक्त 色合い、 दृश्य 見られるもの、 चित्त 心、 सर्व すべて、 अर्थम् 対象、

マハルシは、「心の本性は何か」という問いに対して「コーハム」で次のように答えている。

> この心と呼ばれるものは、アートマー（本来の自己）の中に住みついている、ある驚くべき力（パワー）です。記憶されたすべてのことがらや、想念が生み出されます。あらゆる想念を追い払い、取り除いて観察すれば、本来の自己とは別に、心といったようなものは存在しません。従って、想念こそが、心の正体です。想念がなくなれば、他に、世界と言ったようなものは存在しません。熟眠の状態では、想念はなく、従って、世界もありません。目が覚めている状態や、夢を見ている状態の時、想念があり、従って、世界もあります。それは、ちょうどクモが自分の身

体の中から糸を吐き出しては、再び（巣を畳んで）自分の中に吸収してしまうように、心もまた、自分の中から世界を創り出し、再び吸収します。心が、アートマー（本来の自己）から外へ出ると、世界が顕れます。従って、世界が現れているときは、アートマーは、隠れています。（逆に）アートマーが輝いている時には、世界は顕れません。

　サンスクリット語では、シュブ（√शुभ् 輝く）という動詞がよく使われるが、心は、自身が灯明ではない。あくまでも私たちはプルシャによって照らし出される存在である。この不変で、不動の「見る者（灯明）」は、自身で輝く存在であると同時に他のものすべてを照らす。その反射が心に落ちかかって初めてわれわれは、対象を認識できる。従って、詩句２７．（YS 4-23）では、「見る者」と「見られるもの」両方の色合いを帯びると言っている。プルシャと「見られるもの」を混同してはならない。このことは、ヨーガスートラで何度も強調される。

28．心は、無数の習慣パターンを持っているけれども、それは他者（アートマー）と協働するためである。（4－24）

　तदसंख्येयवासनाभिश्चित्रमपि परार्थ संहत्यकारित्वात् । (४-२४)
　タダ サムキェーヤヴァーサナービ シュチットラマピ　パラールタム　サムハットヤカーリットヴァート．
　（註）असंख्येय 無数の、　वासनाभिः 習慣パターン、　चित्रम् まだら、　पर 他者、　अर्थ　〜のため、　संहत्य 協同、　कारित्वात् 活動、

　ヴァーサナーは、記憶の痕跡であり、それに応じて無数の習慣パターンを持ち、常に動き回る。この一切の活動（प्रकृति）は、他者（自分以外）のため、プルシャのためである。何故なら、常に全体と調和して働いていない活動はありえないからである。自分自身のための活動は、ない。

107

サンヤマ（1）

29. 心を一点に留めておくことがダーラナーである。（3-1）
30. その状態の意識がずっと持続していくのがディヤーナである。（3-2）
31. 対象だけに光が当たり、意識本体は空（から）になっている状態がサマーディである。（3-3）
32. この三者をまとめてサンヤマと呼ぶ。（3-4）

देश - बन्धः चित्तस्य धारणा। (३-१)　デーシャ バンダハ チッタスヤ ダーラナー.
(註) देश 場所、対象、बन्धः 留めておくこと、चित्तस्य 心の、धारणा ダーラナー、

तत्र प्रत्यय एक - तानता - ध्यानम्। (३-२)　タットラ プラットヤヤ エーカ ターナター ディヤーナム.
(註) तत्र その状態で、प्रत्यय 意識、एक - तानता (√तान् 拡がる) ずっと持続していく、ध्यानम् ディヤーナ、

तदेव अर्थमात्र-निर्भासं स्वरूप-शून्यमिव समाधिः। (३-३)
タデーヴァ アルタマートラ ニルバーサム スワルーパ シューニャミヴァ サマーディヒ.
(註) तद् एव まさにその状態で、अर्थ 対象、मात्र ～のみ、निर्भासं 輝き、स्वरूप 意識自体、शून्यम् 空になっている、इव ～ような、समाधिः サマーディ、

त्रयमेकत्र संयमः। (३-४)　トラヤメーカットラ サンヤマハ.
(註) त्रयम् 3つ、एकत्र 一つにまとめて、संयमः サンヤマ、

　ダーラナー（心を一点に留めておくこと）、ディヤーナ（その状態の意識がずっと持続していくこと）、サマーディとは、サンスクリット語のユッジュ（結合する √युज्）と同じ、ユクタ（結合した状態 युक्तः）とも同じである。**28．29．30.** はプロセスなので、どこ

までが、ダーラナーで、どこまでが、ディヤーナで、どこがサマーディなのかなどと詮索する必要はない。この３つは、まとめてサンヤマという表現が最もふさわしい。これは、7.8.の図で示したYS 1-2 と YS 1-3 のヨーガの状態と同じである。サンスクリット語では、三昧などという難しい表現はない。もっと平易でシンプルに表現されている。

ユッジュ（「真の自己」と結びつく）という動詞語根は、サマーディという意味である。

'युज्' धातोः 'समाधिः' अर्थः ।（ユッジュ ダートーホ サマーディヒ アルタハ）

サムプラギャータ・サマーディ

３３．サンプラギャータ（最初の段階のサマーディ）は、注意深い観察、自己洞察、垣間見る至福、（私のない）純粋な自己への気づき、この４つのプロセスがある。（１－１７）

वितर्क - विचारानन्दास्मितारूपानुगमात् सम्प्रज्ञातः ।（१-१७）
ヴィタルカ ヴィチャーラーナンダースミタールーパーヌガマート サムプラギャータハ
（註）वितर्क 注意深い観察、विचार 洞察、अस्मिता 私という想念のない存在、रूप 形、अनुगमात् 〜と共に、सम्प्रज्ञातः サンプラギャータ・サマーディ、

最初の段階のサマーディは、この４つの段階を経て訪れる。ヴィタルカ（वितर्क）は、探求と論理的な思考である。しかし、それはヨーガという言葉に出会ってからの注意深い観察に基づくもので、深い内面への洞察が生まれ（ヴィチャーラ विचार）、やがて、至福（アーナンダ आनन्द）を垣間見るようになる。そして、**私という想念のない、存在だけ**の感覚アスミター（अस्मिता）に辿り着く。अस्मिता

とは、サンスクリット語の動詞語根√अस्（to be,to exist）の第1人称単数現在形アスミ（अस्मि, am）に抽象名詞を作る接尾辞ター（ता）が付いたもので、「私という想念のない存在 (existence,individual)」を表す。通常、existence というサンスクリット語であれば、अस्तित्व を使うはずであるが、何故、パタンジャリは अस्मिता を使ったのであろうか。それは、動詞語根√अस्（to be,to exist）の第1人称単数現在形アスミ（अस्मि, am）から、主語の私が消えていることを言いたかったからである。「私という感覚（エゴ）」のアハムカーラ（अहंकार）とは異なるので注意されたい。しかしながら、この無意識の存在には、まだ純化されない非常に微弱な心が残存している。次の詩句を見てみよう。

サビージャ・サマーディ

34. 次のサマーディとは、ただ微細な印象が残っているだけで、次々に生じる思考が停止するのに気づく段階である。（1－18）

विराम-प्रत्ययाभ्यास-पूर्वः संस्कार-शेषोऽन्यः। (१-१८)
ヴィラーマ プラッティヤヤービヤーサ プルヴァハ サムスカーラ シェーショーンヤハ

(註) विराम-प्रत्यय 思考が停止する、अभ्यास 次の段階では、पूर्वः 前に、संस्कार 微細な印象、शेष ～だけ、अन्यः 他の、

　いわゆるアサンプラギャータ・サマーディで、すべての活動は止むが、心には表面にまだ顕れない微細な印象、記憶の痕跡が残っている。見かけ上地面から消えた植物の種が落ちていて、やがて発芽するかもしれない状態と同じだ。前句33.のサムプラギャータ・サマーディ、及び34.のアサンプラギャータ・サマーディは、いずれもサビージャ（सबीज）「種子のある状態」と言われる。

ニルビージャ・サマーディ

35. 身体の意識を越え、プラクリティの中に溶解している人には、ただ在るという意識のサマーディ状態がある。（1－19）

भव-प्रत्ययो विदेह-प्रकृति-लयानाम्। (१-१९)
バヴァ プラッティヤヨー ヴィデーハ プラクリティ ラヤーナーム
(註) भव 生じる、प्रत्यय 意識状態、विदेह 身体の意識のない、प्रकृति プラクリティ、लयानाम् 溶解した、

　この状態のサマーディは、ニルビージャ・サマーディと言われ、もはや発芽する種子はない。ニルビージャ（निर्बीज）は「種子のない」という意味だ。「身体の意識がない」とは、いわは、土壌自体も浄化された状態なのだ。

サンヤマ（2）

36. サンヤマの状態になると、自らの身体に「見るもの」としての能力が備わり、光が生じて他の人からは見えなくなる。（3－21）

कायरूपसंयमात् तद्ग्राह्यशक्तिस्तम्भे चक्षुःप्रकाशासंप्रयोगेऽन्तर्धानम्।
(३-२९)
カーヤルーパ サンミャマート タッド グラーヒャシャクティスタムベー
チャクシュフプラカーシャーサムプラヨーゲーンタルダーナム.
(註) काय 身体、रूप タンマートラの一つ、संयमात् サンヤマの状態から、ग्राह्य 把握、शक्ति パワー、स्तम्भे 停止、चक्षुः 目、प्रकाश 光、असंप्रयोगे 識別、अन्तर्धानम् 見えなくなる、

「真の自己」と結合すると、自らが灯明のようになって、自らも輝き、他を照らす存在へと近づく。これを、他の人から見えなくなる、と表現した。

37. グナ変化が続くのは、この瞬間、この瞬間の連続を意味するので、変化が最終段階に達した（停止した）時には、理解出来る。（4-33）

क्षणप्रतियोगी परिणामापरान्तनिर्ग्राह्यः क्रमः । (४-३३)
クシャナプ ラティヨーギー パリナーマーパ ラーンタニグ ラールヒャハ クラマハ.
(註) क्षण 瞬間、 प्रतियोगी 相関関係、 परिणाम 変化、 आपरान्त 最終段階、
निर्ग्राह्यः 理解できる、 क्रमः 連続、

23. のように、瞬間、瞬間に変化して顕れる姿・形は、微細な3つのグナの本性・働きによるものであった。しかし、サンヤマの状態になると、この変化するグナが遂に消滅する最後の段階に気づくことが可能となる。そして、その瞬間に、グナとは、マーヤー（माया）であったことが分かる。

38. これにより、3つのグナの役割は終わるので、グナ変化の継続も完了する。（4-32）

ततः कृतार्थानां परिणामक्रमसमाप्तिर्गुणानाम् । (४-३२)
タタハ クリタールターナーム パリナーマクラマサマープ ティルグナーナーム
(註) ततः これにより、 कृत なされる、 अर्थानां 目的、 परिणाम 変化、
क्रमः 連続、 समाप्तिः 終結、 गुणानाम् グナの、

39. グナは、もはや、プルシャへの奉仕という目的がなくなり、本源へと没する。この時、プルシャは、純粋な意識として自

らの中に安住する。（4-34）

पुरुषार्थशून्यानां गुणानां प्रतिप्रसवः कैवल्यं स्वरूपप्रतिष्ठा वा चितिशक्तिरिति ।
　　　　　　　　　　　　　　　　　　　　　　　　(४-३४)

プルシャールタシューンヤーナーム　グナーナーム　プラティプラサヴァハ　カイヴァルヤム　スワルーパプラティ
シュター　ヴァー　チッティシャクティリティ．

(註) पुरुष プルシャ、　अर्थ　目的、　शून्यानां 空間、प्रतिप्रसवः 本源へ戻る、
　　 कैवल्यं 一つ、　स्वरूप 本来の姿、प्रतिष्ठा 安住、　चिति 高い目覚め、
　　 शक्तेः 力、パワー、　इति このように、

　27. のように、グナは、他者のために奉仕し協働する。それは、プルシャのためである。しかし、この段階で、その目的は終了し本源へと没入してその役目を終える。

40. サンヤマの状態になると、サットヴァとプルシャは、全く別
　　であるということが分かり、プルシャの真の理解が得られる。
　　　　　　　　　　　　　　　　　　　　　　　　（3-35）

सत्त्वपुरुषयोरत्यन्तासंकीर्णयोः प्रत्ययाविशेषो भोगः ।
परार्थत्वात्　स्वार्थसंयमात् पुरुषज्ञानम् ॥ (३-३५)

サットヴァプルシャヨーラットヤンターサムキールナヨーホ　プラットヤヤーヴィシェーショ　ボーガハ
パラールタトヴァート　スワールタサムヤマート　プルシャギャーナム．

(註) सत्त्व サットヴァ、　पुरुषयो プルシャ、　अत्यन्त 完全な、असंकीर्णयोः 区
　　 別、प्रत्यय 考え、　अविशेषो 識別のつかない、भोगः 体験、　पर 別の、
　　 अर्थत्वात् ～のため、　स्वार्थ 自らのため、संयमात् サンヤマから、पुरुषः
　　 プルシャ、ज्ञानम् 理解、

と同時に、グナの一つであるサットヴァもプルシャではなくプラクリティであって、グナとプルシャは、本来、まったく別物である

113

という理解が確立する。

４１．サンヤマの状態になると、サットヴァ（グナ）とプルシャの違いが明確になり、彼はあらゆる状態の統治者となり、全知の状態となる。（３－４９）

सत्त्वपुरुषान्यताख्यातिमात्रस्य सर्वभावाधिष्ठातृत्वं सर्वज्ञातृत्वं च । (३-४९)

サットヴァプルシャーンヤターキャーティマートラスヤ　サルヴァバーヴァーディシュタートリットヴァム
サルヴァギャートリットヴァム　チャ．

（註）सत्त्व サットヴァ、　पुरुष プルシャ、अन्यता 区別、ख्याति 識別、
　　　मात्रस्य ～のみ、　सर्व भाव すべての存在、अधिष्ठातृत्वं 統治者、सर्वज्ञातृत्वं
　　　全知、

しかし、グナは、常に変化するものであるから、ある瞬間非常に魅力的な姿をとることがある。すると、それを所有したくなる。第２章で、われわれはヨーガに達する途を学んだ。しかし、知らない間に、カイヴァルヤ (कैवल्य) やヨーガではなく、顕れてくる力（パワー）、つまり、ヴィブーティ (विभूति) を得ることや、そちらの方にとらわれてしまってはいないか。サットヴァとプルシャを混同すると、その危険にさらされる。

顕れてくる力～その１　スポータ

４２．言葉、その感情、表す意味内容は互いに混ざりあっているため混乱が起こる。サンヤマの状態になると、その識別が出来、生きものすべての発する言葉の理解が可能となる。（３－１７）

शब्दार्थप्रत्ययानाम् इतरेतराध्यासात्संकरः

シャブダールタプラットヤヤーナーム　イタレータラーディヤーサーツサンカラハ．

तत्प्रविभागसंयमात् सर्वभूतरुतज्ञातम् । (३-१७)

タッツプ ラヴィバーガ サンヤマート サルヴァブータルタギャータム.

(註) शब्द 言葉、 अर्थ 意味、 प्रत्ययानाम् 感情、意図、इतर इतर 共に顕れ、अध्यासात्(たがいに混ざり合う、संकरः 混同、तत् その、प्रविभाग 識別、संयमात् サンヤマの状態になると、सर्व すべての、भूत 生きもの、रुत 音声、ज्ञातम् 知ること、

　サンヤマの状態になって得られる最も素晴らしい気づきがこの詩句である。それは、言葉と意味の関係の深い理解が得られることで、心が動くと発生する言葉については、ミーマーンサ学派、ニャーヤ学派や文法家のパタンジャリ、バルトリハリなどによって議論されてきた。そこで、先ず「話し言葉」による意味の伝達（convey）から説明していこう。

　まず、次の「話し手」と「聞き手」の図を見てほしい。

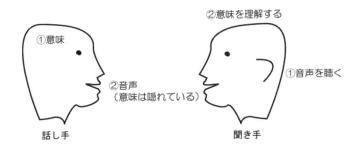

　話し手①の意味とは、彼の心の中で作り出される感情であって、話し手の感情（feeling of the speaker）と表現される。そして言葉として発声されると、音声と意味とは切り離せない状態のままで突然外に出る。この時、音声として外に出る前の状態は、いわゆるスポータ（स्फोट）と言われ、音声と意味が不可分の状態の内的潜在力、言葉を構成する文字とは、まったく別の存在、表現不可能な永遠の

存在・潜在力である。ちょうどコインの裏・表のように、音声・意味が不可分の「生まれようとする状態の思考（Le Spota serait ainsi quelque chose d'équivalent à ce que nous appelons la pensée à l'état naissant.）」とマドレーヌ・ビアルドーは表現している。それが突然「覆いを取る」（ラテン語の revelare）つまり、隠れていたものが顕れ出る、外に出る。

　さて、話し手の頭の中に、まず伝えたい①感情に基づく意味（अर्थ）が発生し、②音声（शब्द）と共に聞き手に渡る。この時、話し手の伝えたい意味は隠れているが、音声とは不可分の状態で聞き手へと運ばれる。聞き手の方は、話し手とは逆の順になり、①音声をキャッチするとある感情が発生する（conception created in the listener on hearing the word）。つまり、スポータが再構成される。こうして聞き手は、②話し手の意味を理解しようと努める。しかし、聞き手にとっての意味とは、話し手の音声を聴いた時に起こるある感情である。例えば、話し手が「コップ」と言った場合は、聞き手が「コップ」という水などを入れる容器の一種であることを間違うことはないだろう。しかし、色になると、かなり怪しくなる。例えば、話し手が「赤」と言っても、聞き手にとっての「赤」にはグラデーション（階調）があり、微妙にずれてしまう。つまり、聞き手に生じた感情・感覚・フィーリングは、話し手とは異なる意味となる。これは、抽象的な言葉になるほど、話し手と聞き手の間の意味の一致はかなり難しい。例えば、友情、愛、真我、解脱、三昧、無、神などの言葉を聴いて生まれるイメージや感情は様々で、話し手の１つであった意味は、聞き手の数だけ別の意味となることがある。それでは次に、言葉が発声されるまでの頭の中の状態を見てみよう。このことは、「リグヴェーダ　（ऋग्वेद ९-९६८-८४）」に書かれてある。

　　**言語には、明確に定義された４つの段階がある。賢明な人のみが、
　　それを知っている。言語の３つの段階は、外に顕れずに内部に隠れ**

ている。4段階目だけが、人が話す言語として外に顕れる。
(1-164-45)

चत्वारि वाक्परिमिता पदानि तानि विदुर्ब्राह्मणा ये मनीषिणः।
チャトヴァーリ ヴァーキャパリミター パダーニ ターニ ヴィドゥルブラーフマナー イェ マニーシナハ.
गुहा त्रीणि निहिता नेङ्गयन्ति तुरीयं वाचो मनुष्या वदन्ति॥४५॥
グハー トリーニ ニヒター ネーンガヤンティ トゥリーヤム ヴァーチョ マヌシャー ヴァダンティ.

(註) चत्वारि 4つ、वाक् 言語、परिमिता はっきりと定義された、पदानि 段階、ये 〜である人々、मनीषिणः ब्राह्मणाः 賢明な人（ブラーフミン）、तानि विदुः これらを知っている、त्रीणि 3つ、गुहा निहित 洞窟に隠されている、नेङ्गयन्ति 外に顕れない、मनुष्याः 人々、वाचः तुरीयं 4段階目の言語、वदन्ति 話す、

1. パラー (परा)
   चेतननिर्गुणाद्वयब्रह्म
   (＝ब्रह्म「ブラフマそのもの」)
2. パッシャンティー (पश्यन्ती)
3. マディヤマー (मध्यमा)
4. ヴァイカリー (वैखरी・वैश्वरि)

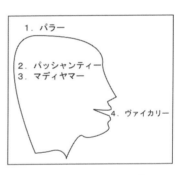

　言葉は、パッシャンティー → マディーヤマー → ヴァイカリーの順に出てくる。われわれにとっては、言葉は音声として口から出て聞こえるものに限られるが、それは第4段階のヴァイカリーと言って、舌、歯、唇などの発声器官から生じる他の人に聴き取れる音声のことである。そして、言葉となって外に出る前の状態が第3段階のマディヤマーで、それは話し手の心の中にあって、他の人は聴くことも知ることも出来ない。さらに、その前に、第2段階のパッシャンティーがある。これは、まだ話し手にとっても、頭の中で曖昧模糊とした状態にある。ただ、観察者としての状態なので、

パッシャンティーと言われる。

　一体、言葉はどこからやってくるのだろうか。インドでは、言葉もすべての根源たるブラフマ（パラーと同じで、一種のエネルギーと考えられる）からやって来ると考えられ、パッシャンティー以降は、パラーの顕れたものである。さて、サンヤマの状態になれば、言葉は一切発生せず観察者の状態になっている。しかし、上記の4つの段階の識別は明確に出来ているので、「賢明な人のみが、それを知っている」と、この詩句では表現された。普通、われわれは言葉の意味を調べようとして辞書をひく。しかし、意味は辞書にはない。つまり、意味は同義語や同意語では置き換えられない。

　では、サンヤマに達した人であるかどうかは、どのようにして分かるのかという疑問が生じるのは、ごく自然であるが、それは当人同士には分かってる。何故なら、言葉を使っても、使わなくても、彼らにしか分からない表現に気づくからである。それは、例えば、前述のブッダのアーナーパーナサティとか、カビールの詩である。

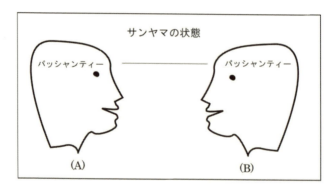

　もし、サンヤマの人同士（A）（B）が対面すれば、どうなるのだろうか。おそらく、二人はしばらくの間、無言のままで坐り、しばらくたって微笑みながら別れるだろう。それは、沈黙というパッシャンティーの状態での会話であった違いない。よく、「言葉にならない」と言われるように、パッシャンティーの状態は、美しい花な

どを見た時にも起こる言葉を超えた状態である。
　さて、もう一度、最初の詩句に戻ろう。

ヨーガとは、心の動き（チッタ・ヴリッティ）が静止した状態のことである。（1-2）
**　योगः चित्त-वृत्ति-निरोधः। ヨーガハ チッタ ブリッティ ニローダハ**

　この状態は、マハルシの言った言葉のない状態、マウナ（沈黙 मौन）の状態である。同じく、第１人称の私という想念は、「言葉を伴って湧いてくる最初の思考」であって、すべて名付けと共にその人にとってのいろいろな世界（ジャガット जगत्）が出現する。
　それぞれの人にとっての「さて（アタ अथ）」の後に始まった、「ヨーガとは何か」というヴィチャーラ（探求　विचार）は、かくして（イティ　इति）つまり、言葉のない世界、マウナ（沈黙　मौन）の状態になって初めて終わる。
　ところで、言語に関してバルトリハリの「ヴァーキャパディーヤム」は、パーニニーのサンスクリット文法書「アシュターディヤーイー」の解説書と注釈の形で書かれているが、その第１章、ブラーフマカンダの第１句は次のように述べている。

**　　　　言語の不滅の真髄は、始めも終わりもないブラフマである。**
**　　　　みかけ上、世界の「もの」とプロセス（課程）の形で現れて**
**　　　　言語の意味となる。**

　　　अनादिनिधनं ब्रह्म शब्दतत्त्वं यदक्षरम्।
　　　विवर्ततेऽर्थभावेन प्रक्रिया जगतो यतः।（१-१）
　　　（註）यद्　であるところの、अक्षरम्　不滅の、 शब्द 言語、तत्त्वं
　　　　　言語の本質、अनादि – निधनं 始めも終わりもない、 ब्रह्म ブラフマである、
　　　　　यतः　それによって、जगतः　世界の、अर्थभावेन 意味の形で、
　　　　　प्रक्रिया　プロセス（過程）、विवर्तते　変化し見かけとして顕現している

一方、「ヨハネの福音書」には、有名な次の言葉がある。

In the beginning was the Word, and
the Word was with the God, and
the Word was the God.

「新訳・旧訳聖書」（ドン・ボスコ社）のバルバロ・デル・コルの訳によれば、「はじめにみことばがあった。みことばは神とともにあった。みことばは神であった。」これは**文字として**聖書に書かれた言葉のことを指しているが、インドの先達の意味する神は、一つの根源的存在で**音声オーム**とともに秘めたる力でわれわれに言葉を与えた主（ब्रह्म）を意味している。従って、むしろ、われわれには**「隠れた状態でずっと言葉はあった。いつも神と共にあった。言葉は神であった。」**という理解が成り立つ。

このように、バルトリハリによれば、ブラフマこそ言語の永遠の根源であり、**17.** で説明したように言葉と共にこのコスモス（宇宙）をはじめとする様々なものが出現し、それを体験または享受するもの、体験または享受する対象、体験または享受そのものとして顕れる。同じく第1章の第4句を見てみよう。

> たった一つのブラフマは、すべての物の種子である。その一つの状態は、享受者（भोक्ता ボークター）、享受の対象（भोग्य ボーギャ）、享受（भोग ボーガ）という3つのプロセスの姿をとる。

एकस्य सर्वबीजस्य यस्य चेयमनेकधा ।
भोक्तृ – भोक्तव्य – भेदेन भोग – रूपेण च स्थितिः । (१-४)

(註) च そして、सर्वबीजस्य すべての種子、基盤、यस्य एकस्य 一つのブラフマの、भोक्तृ – भोक्तव्य – भेदेन 享受者と享受されるもの（幸・不幸を経験する者、幸・不幸の対象）の区別によって、भोगरूपेण 享受の過程

おいて、इयं それは、अनेकधा 多様な、स्थितिः 存在である

そして第５句で、ヴェーダ（ヴェーダ聖典とその知識）のことを彼は、次のように述べている。

賢者は言った。ブラフマを獲得し、その後に人生を生きる方法がヴェーダである。

प्राप्त्युपायोऽनुकारश्च तस्य वेदो, महर्षिभिः ।
एकोऽप्यनेकवर्त्मेव समाम्नातः पृथक् पृथक् ।। (१।५)

(註) वेदः ヴェーダ（聖典と知識）、तस्य ブラフマの、
　　 प्राप्त्युपायः 達成（最終目的）の方法、च そして、
　　 अनुकारः ブラフマを得た後の人生を、正しく生きる源
　　 एकोऽपि 一つになっても、महर्षिभिः 偉大な賢者によって、
　　 अनेकवर्त्मेव इव 恰もその道は別々であるかのように、
　　 पृथक् पृथक् समाम्नातः 別々であると言われている、

ここで、非常に不思議に思われたであろうが、バルトリハリの「ヴァーキャパディーヤム」は、パーニニーのサンスクリット文法書「アシュターディヤーイー」の解説書と注釈の形で書かれていると言った。それは一体どうしてであろうか。サンスクリット文法を学ぶ本当の意味は何であろうか。「ヴァキャーパディーヤム」第１章第１１句で、彼はその理由を次のように述べている。

賢者たちは言う。ブラフマに最も近く、規則の中で最も優れた規則は文法であり、文法はヴェーダの中で最も重要である。

आसन्नं ब्रह्मणस्तस्य तपसामुत्तमं तपः ।
प्रथमं छन्दसाम् अंगम् आहुर्व्याकरणं बुधा ।। (१-११)

> (註) बुधाः आहुः 賢者達は次のように言う、तस्य ब्रह्मणः そのブラフマの、आसन्नं 近くの、तपसाम् उत्तमं तपः 全ての規則の中の最上の छन्दसाम् प्रथमम् अंगम् ヴェーダの一番目(最も偉大な)部分、व्याकरणं 文法である

　第4句で示されたヴェーダの知識の理解は、何よりも彼が第1句で述べた言語の根源に迫る文法学(व्याकरण)が重視されたのである。サンスクリット文法を学ぶというサーダナ、またはタパは、単に文法に精通するためではない。それはヴェーダの話を人から聴いても得られず、自らが文法を学ばなければ決して得られない。その課程で次第に根源へと近づき言語の根源が明らかになることである。パタンジャリが、この詩句（YS 3-17）で言語、特にスポータのことにふれた意味はきわめて大きい。

顕れてくる力～その2　宇宙

43. サンヤマの状態になると、太陽のような宇宙空間の真理が分かる。（3-26）

> भुवनज्ञानं सूर्ये संयमात् ।(३-२६)
> ブヴァナギャーナム スールヤ サムヤマート
>
> (註) भुवनज्ञानं 宇宙の領域、ज्ञानम् 知識、सूर्ये 太陽の、संयमात् サンヤマの状態から、

44. サンヤマの状態になると、月のような星の位置や運行が分かる。（3-27）

> चन्द्रे ताराव्यूहज्ञानम् ।(३-२७)
> チャンドラ ターラーヴィユーハギャーナム
>
> (註) चन्द्रे 月の、तारा 星、व्यूह 配置、配列、ज्ञानम् 知識、

45. サンヤマの状態になると、北極星のように天体の運行を知ることが出来る。(3-28)

ध्रुवे तद्गतिज्ञानम् । (३-२८)
ドルウヴェー タドガティギャーナム
(註) ध्रुवे 北極星の、तद् それ（前詩句の星）、गति 動き、ज्ञानम् 知識、

46. サンヤマの状態になると、宇宙の構成要素（地・水・火・風・空）について物質的な、微細な両属性、グナなど相互の繋がり、意味に精通する力が得られ思いのままとなる。(3-44)

स्थूलस्वरूपसूक्ष्मान्वयार्थवत्त्वसंयमाद् भूतजयः । (३-२८)
ストゥーラスワルーパ スークシュマーンヴァヤールタヴァトヴァサムヤマード ブータジャヤハ
(註) स्थूल 物質的、粗大な、स्वरूप 本来の性質、सूक्ष्म 微細な、अन्वय 相互の繋がり、अर्थवत्त्व 意味、संयमायत् サンヤマの状態になると、भूत 要素、जयः 支配する、思いのままにする、

　現代のように物理学が発達する以前から、古代の人たちは、西洋・東洋を問わず何らかの方法で「宇宙のすべて」を見渡せていたように思われる。地球は、太陽から１億５０００万キロメートルの距離にあり、太陽とその重力に支配されている天体の集団太陽系は、水星・金星・地球・火星・木星・土星・天王星・海王星の８つの惑星などからなっている。この詩句のスーリヤ（太陽）、チャンドラ（月）、ドルーヴァ（北極星）など、宇宙全体の運行もサンヤマに達した人には分かっていたと推測され、西洋でも *Zecharia Sitchin:Divine Enounters* などを見ると、太陽から８．６光年の距離にあるシリウスについて、シュメールの円筒印章に、このニビルという名の１２番目の惑星が描かれていて、彼はそれを人類の起源と宇宙から移植された古代文明として解き明かそうと試みている。

また、詩句46. は、現代物理学が言うように、無が素粒子を生み、無はエネルギーを持ち、宇宙を誕生させる。すべては、無から生じ、無へと帰って行く。両極の無と有は交互に変化する。あなたは、それを顕したり見えなくしたりすることが出来る。

イーシャウパニシャッド冒頭の句を思い出させる。

あれも全体、これも全体。全体は全体から生じ、全体から全体を取り除いても、なお全体が残る。

पूर्णमदः पूर्णमिदं पूर्णात् पूर्णमुदच्यते ।
プールナマダハ　プールナミダム　プールナート　プールナムダッチャテー
पूर्णस्य पूर्णमादाय पूर्णमेवावशिष्यते ॥
プールナスヤ　プールナマーダーヤ　プールナメーヴァーヴァシシュヤテー

顕れてくる力〜その3　身体（小宇宙）

47. サンヤマの状態になると、ヘソ（中心）を知り、身体のメカニズムを知ることが出来る。（3-29）

नाभिचक्रे कायव्यूहज्ञानम् । (3-29)
ナービチャクレ　カーヤヴィユーハギャーナム

（註）नाभि　ヘソ（中心）、चक्रे　エネルギーの中心、काय　身体、
　　　व्यूह 、配置、配列、ज्ञानम्　知識、

宇宙と同じように、わたしたちのこの身体も小宇宙と考えられマニプーラチャクラ（मणिपूरचक्र）は、その中心でもあり、ヘソの緒は、母親の子宮と繋がっていた。他にもノドのチャクラは、ヴィシュッダチャクラ（विशुद्धिचक्र）として知られ、鼻から入った息が口で出会う場所でもある。続いて、次句では、アナーハタチャクラ（अनाहतचक्र）

が出てくる。

顕れてくる力～その4　ハート

48．サンヤマの状態になると、ハートがブラフマの住処だということが分かり、もはや、心はなくなる。（3－34）

हृदये चित्तसंवित् ।(3-३४)
フリダイェー　チッタサムヴィッタ
（註）हृदये ハートに、चित्त 心、संवित् 理解、分かる、

マハルシは、ハートは右側にあると言っている。この場合フリダヤ（हृदय）といっても、心臓でないことは明らかで、サンヤマに達した人は、ソーハム（सोऽहम्）「彼こそ私自身」と、ブラフマ（ब्रह्म）の住処に気づくのだ。

カイヴァルヤ

49．サンヤマの状態になって、障害にとらわれなくなると、無知の種は消滅し、カイヴァリヤ（アートマとの結合、ユクタ）が訪れる。（3－50）

तद्वैराग्यादपि दोषबीजक्षये कैवल्यम् ।(3-५०)
タドヴァイラーギャーダピ　ドーシャビージャクシャイェ　カイヴァルヤム
（註）वैराग्य とらわれなく、दोष 障害、बीज 種、क्षये 消滅、कैवल्यम् 唯一、

ヨーガスートラ第3章では、サンヤマの状態になると出てくるいろんな力（パワー）が述べられているが、これらの力は使わない時

に顕れる。よく超能力といわれるようなものを誇示したり、前面に出して何かをしようとする人は、決してサンヤマの状態ではない。自然に顕れてくる力（パワー）は、使おうと考えた瞬間に消えてしまう。

ダルマメーガサマーディ

50．このような高い境地に達して識別知を得ても、欲望を抱かないサマーディは、ダルマメーガ・サマーディと呼ばれる。

（4－29）

प्रसंख्यानेऽप्यकुसीदस्य सर्वथा विवेकख्यातेर्धर्ममेघः समाधिः। (४-२९)

プラサムキャーネーピャクシーダスヤ　サルヴァター　ヴィヴェーカキャーテルダルマメーガハ　サマーディヒ

（註）प्रसंख्याने　高い境地によって、अपि　～さえも、अकुसीदस्य　興味を抱かない、सर्वथा　常に、विवेक　識別、ख्याते　識別知、धर्म　ダルマ、मेघः　雲、समाधिः　サマーディ、

　メーガというのは、サンスクリット語で「雲」の意味である。サンヤマの状態であっても、青空はさらに雲の上であることを忘れると一気に転落してしまう。ヨーガとは、誰もが熟眠時に体験出来る状態であるが、目が覚めた状態での達成は、それほど難しいということを、パタンジャリは、最後の最後で釘を刺している。

　以上で、ヨーガスートラ入門を終わる。

おわりに

　「ハタヨーガからラージャヨーガへ」では、２つの経典を見てきたが、「ヨーガ＝ハタ・ヨーガではない」とか、「アーサナだけがヨーガではない」などと言うと、時に誤解を生み、中には怒り出す人もいる。また、佐保田鶴治先生は「ヨーガは宗教である」とおっしゃったが、一方、ラジニーシは「ヨーガは宗教ではない」と言った。「ヨーガ禅の原点」として知られているように、佐保田先生は「人生を生き抜くに充分な強く堅い信念を生みつけてくれる教え」という意味でおっしゃったが、ラジニーシは、「ヨーガは、純粋な科学で、ちょうど物理学や化学のようなものだ。ヨーガに信仰は必要ない。」という意味でこの表現をした。だから、どちらの表現も正しい。しかし、まったく逆の言葉を聴いた時、あなたの頭には、どのような感情が起こっただろうか？　それが聞き手にとっての言葉の「意味」なのだ。

　このように、言葉の意味は、いつも非常に難しい。「バガヴァッド・ギーター」においても、１８章からなる目次の一つ一つには、「〜ヨーガ」という名前がついている。例えば、第１章は、アルジュナ・ヴィシャーダ・ヨーガ (अर्जुनविषादयोग)、直訳すれば「アルジュナ (अर्जुन)、憂鬱・絶望・苦悩 (विषाद)、ヨーガ (योग)」となってしまうので、大概「ヨーガ」は省略されて「アルジュナの苦悩」など訳されている。ところが、第２章から順に、サーンキャ・ヨーガ (सांख्ययोग)、カルマ・ヨーガ (कर्मयोग)、ギャーナ・カルマサンニヤーサ・ヨーガ (ज्ञानकर्मसंन्यासयोग)、カルマサンニヤーサヨーガ (कर्मसंन्यासयोग)、ディヤーナヨーガ (ध्यानयोग) というふうに第１８章まで続くので、ここだけ「ヨーガ」を削除してしまうと、整合性がとれなくなったり、一体、「アルジュナの憂鬱・絶望・苦悩のヨーガ」とは、どういう意味なのか分からなくなってしまう。従って、やはり「ヨーガ」は、あくまで「真の自己との結びつき」と理

解していなければ、アルジュナの憂鬱・苦悩・絶望が起こってしまったのは、ヨーガから離れてしまった、つまり、ヴィヨーガの状態で起こっているのだという理解も、この章の意味も分からない。

　もし、アルジュナ・ヴィシャーダ・ヨーガ (अर्जुनविषादयोग) から、ヨーガという言葉を勝手にカットしてしまうと、この「バガヴァッド・ギーター」でも問題が残る。何故なら、第1章は、「アルジュナの苦悩」という章ではない。アルジュナが、ヨーガの状態からかけ離れていたために、第2章以下で、クリシュナが登場してきた時に、それが理解出来るからだ。従って、もし訳すのなら「アルジュナの憂鬱・絶望・苦悩とヨーガ」とした方がよい。サンスクリット語に、余計な言葉は一切付いていない。

　また、最近、ヴァールミーキ「ラーマーヤナ」のバーラカーンダ (बालकाण्ड) がすっかり削除された邦訳に出会って驚いてしまった。ラーマはどうして誕生したのか、シーターが大地から誕生したのは何故か、何故、ジャパ (जप) でラーマ (राम) を神の名として唱えるのか (註)、これらの重要な部分がさっぱり分からなくなる。

(註) श्रीराम जय राम जय जय राम। (シュリーラーマ ジャヤ ラーマ ジャヤ ジャヤ ラーマ)
　　 हरे राम हरे राम राम राम हरे हरे। (ハレ ラーマ ハレ ラーマ ラーマ ラーマ ハレ ハレ)
　　 श्रीराम राम रामेति रमे रामे मनोरमे। (シュリーラーマ ラーマ ラーメーティ ラメ ラーメ マノーラメー、
　　 सहस्रनाम तत्तुल्यं रामनाम वरानने॥　サハスラナーマ タットゥルヤム ラーマナーマ ヴァラーナネー)
　　　(これらすべての聖なる名前ラーマは、最高神の名前と同じ)

　最初に紹介したように、佐保田先生は、「印度研究に於いても単なる素人芸に甘んずることはできなかった」と言って、初めにサンスクリット語の学習をされた。ヨーガに関わるすべての原典がサンスクリット語で書かれているので、私には、ごく自然のことに思える。他の人はそうはせずに素人芸に甘んじてきたのだろうか。オーケストラの指揮者には、名ピアニストが多く壮大な交響曲をピア

ノで大体説明してみせることができる。スコアが読めなくてどうして指揮が出来るだろうか。この状況は、今も少しも変わっていないし、変わろうとも思わないようだ。

　この頃、大きな疑問に思うことは、はたしてインドの真理の伝承は、日本では正しく、そのままの形で伝わってきているのだろうか、翻訳の段階で重要な章や言葉が削除されたり、或いは、言葉をお金のように両替する、つまり「美しい」＝「きれい」と辞書に載っている他の言葉に置き換えられただけになっているのではないか、という疑問である。言葉の意味・アルタ（अर्थ）は、42．(YS 3-17) で詳しく説明したとおり、同義語や同意語では置き換えられない。だから、何度も言うように注釈や解説が必要なのだ。

　四住期の最終段階に入った私の役割は、もしも、インドの真理が、日本に正しく、そのままの形で伝わってきていないと思われたら、それを少しでも皆さんに伝えておくことだ。この「ハタヨーガプラディーピカー入門」と「ヨーガスートラ入門」も、そんな意味で皆さんのお役に立てば嬉しい。

　おわりに、「サンスクリット語の学び方」について別項に記しておこう。これを参考にしてサンスクリット語の学習をされ、インドで提示されているような形の出版が日本でも普通になれば、そのときもっとストレートにインドのダルシャナが理解でき、真理とは何かが見えるでしょう。

　幸い、5年ほど前に次世代の人のサンスクリット語学習の指導ができる人材を育てようと始めた芽が少しずつ育ってきた。デーヴァナーガリ文字の読み書きから始めて、後述の「入門サンスクリット」をテキストに基本サンスクリット文法の指導が出来る人が2人育った。それに続く人が5人ほど真摯に学習を続けておられるので、必ず一気に芽を吹き出す時がやって来るに違いない。その時、日本のヨーガへの理解は一変する。

第2部　ヨーガスートラ入門

参考文献

1. 『ヨーガ根本教典』　佐保田鶴冶著
2. *Yogavārttika of Vijñānabhikṣu* by Rukmani Vol.1-4
3. *Patanjali's Yoga sutras* by R.Prasada
4. *How to know God* Prabhavananda & Ishawood
5. *Linguistic Philosophy in Vākyapadīya* ; Gayatri Ruth
6. *Théories du langage en Inde* ; Madeleine Biardeau
7. *Über den wandel der laute und des beffgris* ; von Heymann Steinthal
8. *Meditation and Mantra* ; V. Devananda
9. *The complete work of Swami Vivekananda* Vol.1 Vol.3
10. *YOGA PHILOSOPHY OF PATANJALI; SWAMI HALIHARANANDA ARANYA* Univercity of Culcutta 1981
11. *Yoga Sutra of Patanjali* by G.Feuerstein
12. *Light on the Yoga Sutra of Patanjali* by BKS Iyenger
13. *The Yoga Sutras* by M.N.Dvivedi 1947
14. *Yoga for Children* ; Swati & Rajiv Chanchan
15. योगदर्शन *(Hindi)* ; Anil Vidyalankar
16. *Essence of PATANJALI'S YOGA(1997)(1998)* ; Anil Vidyalankar
17. *YOGA* : Rajneesh
18. *LE SANSKRIT* ; Pierre - Sylvain Fiolliozat
19. कबीर की सीख (Hindi)
20. *वाक्यपदीयम् ब्रह्मकाण्ड* : K.A.Iyer
21. कोऽहम्; रमण महर्षि
22. उपदेशसार; रमण महर्षि

サンスクリット語の学習について

　アニル・ヴィディヤランカール先生他によって開発された「イントロダクトリー・サンスクリット」（中島厳訳「入門サンスクリット・改訂増補版 A5版　上・下合本」東方出版　※今回、15年ぶりに改訂された）は、非常に優れた教材で、全文デーヴァナーガリ文字、全４０課から構成されている。３２課までは、パーニニに基づいたサンスクリット文法で、３３課からは、中級レベルのサンスクリット読本となる。もともと独習が可能なように開発された教材（初期の頃は全２０課であったが倍の４０課となった）であり、一時期通信教育（第１課から第３２課までのレポート提出が義務づけられていた）のシステムもあった。先生が来日されてからかなりの年数になり、種は蒔かれたものの、指導できる人は非常に少なく、その人にもし幸運にも巡り会えれば、学習期間を短縮できるだろう。
　３２課までの例題には、よく知られているラーマーヤナやマハーバーラタの物語、バガヴァッド・ギーターなどからの詩句が用いられているので、ただ文法を学ぶためだけの荒唐無稽な文章は見られない。例えば、「十番目はお前だ（दशमः त्वमसि）」などは、マハルシの「サッダルシャナ」の詩句３９にもさりげなく出てくるので、これを知らないと理解出来ない。３３課以後は、これからウパニシャッドやヴェーダーンタの経典などを実際に読んでゆく場合の演習となる仏陀の伝記（ブッダチャリタム）、バガヴァッド・ギーターからのいくつかの詩句、ウパニシャッドからナチケーターの物語、ヤジュニャヴァルキャとマイトレーイーの物語、カーリーダーサのシャクンタラー第４幕（一部省略有り）、ヴェーダからのいくつかの詩句などで構成されている。
　なお、日本人のために、ダンマパダ（धम्मपदम् ここでは、パーリー語原文とサンスクリット語訳との対比も示される）、般若心経

（प्रज्ञापारमिता हृदयसूत्रम् 経文のみのショート版）、法華経・如来寿量品第十六（सद्धर्म - पुण्डरीक - सूत्रम् : तथागतायुष् - प्रमाणपरिवर्तः 大乗仏典のサンスクリット語は、古典サンスクリット語と異なるので併記されている）もテキストに入っている。これは、ヒンディー語版・原テキストにはないので貴重である。

　学習に当たって、３３課以後は、インドで言われるダルシャナが必要なので、単に、パーニニの文法に精通するだけでなく、サーダナ（साधनम् 又は、タパ तपः）を実践している優れた指導者による解説を受けることが望ましい。

　このテキストは、サンスクリット語の学習を通してインドの精神的な目に見えない何かを感知出来るところが、他とは根本的に異なる。インドを訪れる人は多いだろうがラジニーシは次のように言っている。

　　少しでも瞑想的な心を持ってこの国を訪れる人は、そのヴァイブレーションに触れることができる。ただの旅行者として来れば、それをのがすことになる。崩れ落ちた建物、宮殿、タージマハール、寺院、カジュラホ、ヒマラヤ、こういったものを見ることはできても、インドをみることはできない。
　　　　　（India My Love 「私の愛するインド」スワミ・プレム・グンジャ訳）

　このテキストは、まさにこの言葉が当てはまる。また、バルトリハリが言った「バキャーパディヤム」第１章詩句１１の意味にも次第に気がついてくる。なお、原テキストに当たるヒンディー語版は、２０課までが WebSite で公開されているので参照されるとよい。

　次に、学習のための辞書・参考書などを挙げる。残念ながら、サンスクリット語・日本語の辞書は、あまり見あたらない。従って、どうしても、英語、ヒンディー語、ドイツ語、フランス語で説明されたものになってしまう。しかし、インド・ヨーロッパ語族に属するので、この方がより理解しやすいのではないだろうか。

1．辞書

　『基本梵英和辞典』　バーラット・ブーシャン・ヴィディヤラン
　　　　　　　　　　　カール、アニル・ヴィディヤランカール著
　　　　　　　　　　　中島厳訳

　英語と日本語訳とが併記されているので、これでスタートされ
るとよい。１７〜１８課あたりからは、下記の辞書が必要となる
だろう。以下、定評のある辞書（英語）

　Student Sanskrit English Dictionary：Vaman Shivram Apte
　A Sanskrit - English Dictionary：M.Monier.Wiliams
　A English - Sanskrit Dictionary：M.Monier.Wiliams
　A practical Sanskrit Dictionary：A. Anthony Macdonell

　その他（仏語・独語・ヒンディー語）

　Héritage du Sanskrit Dictionaire sanskrit - français
　SANSKRIT WÖRTERBUCH：OTTO BÖTLINGK
　संस्कृत - हिन्दी　कोश：वामन शिवराम आप्टे

2．参考書

　Sanskrit Manual：R.S.Bucknell
　The root verb forms and primary derivatives of Sanskrit
　　　　language：W.D. Whitney
　The student's guide to Sanskrit Composition
　A practical Grammar of Sanskrit language：M.Monier.Wiliams

●著者略歴

真下　尊吉（ましも　たかよし）
慶應義塾大学　経済学部卒。
コンピューター・インストラクター、Ｗｅｂデザイナーをする傍ら、故熊谷直一氏、故番場一雄氏に師事しハタヨーガを学ぶ。助教授資格取得。サンスクリット語は、言語学者で哲学博士のアニル・ヴィディヤランカール先生にイントロダクトリー・サンスクリットを学び、その後、チンマヤ・ミッションにてアドヴァンスド・サンスクリットを学ぶ。また、同ミッションにてバガヴァッド・ギーター全コースを修了。

ハタヨーガからラージャヨーガへ

2017年3月13日　初版第1刷発行

著　者　　真下尊吉
発行者　　稲川博久
発行所　　東方出版(株)
　　　　　〒543-0062 大阪市天王寺区逢阪2-3-2
　　　　　Tel.06-6779-9571 Fax.06-6779-9573
装　幀　　濱崎実幸
印刷所　　亜細亜印刷(株)

乱丁・落丁はおとりかえいたします。　　　ISBN978-4-86249-280-7

書名	副題/版	著訳者	価格
入門サンスクリット	改訂・増補・縮刷版	A・ヴィディヤーランカール／中島巌	7000円
ヨーガ・スートラ	パタンジャリ哲学の精髄　原典・全訳・注釈付	A・ヴィディヤーランカール著　中島巌編訳	3000円
基本梵英和辞典	縮刷版	B&A・ヴィディヤーランカール／中島巌	8000円
ギーター・サール	バガヴァッドギーターの神髄　改訂新版・CD付	A・ヴィディヤーランカール著	2800円
バガヴァッド・ギーター詳解		長谷川澄夫訳　藤田晃	4500円
ヨーガ　幸福への12の鍵		スワミ・チダナンダ著／友永淳子訳	1600円
人間ガンディー	世界を変えた自己変革	E・イーシュワラン著／スタイナー紀美子訳	2000円
永遠の生命	死を超えて未知の国へ	E・イーシュワラン著／スタイナー紀美子訳	1500円

＊表示の値段は消費税を含まない本体価格です。